聖嚴法師——著

人間淨土

理論與實踐

自序

淨土思想及淨土信仰，是屬於大乘佛教的共同特色，主要是指諸佛度化眾生的國土，以及未來彌勒佛下生人間成佛之際的娑婆世界。

至於人間淨土的依據，一是《彌勒下生經》，另外則是散見於阿含部以及許多的大乘聖典。如果以中國漢傳佛教的兩大主流而言，信仰彌陀淨土的歷代善知識，大概是以求生西方淨土為修持的目標；禪宗的諸善知識，大概是以自心淨土的開發為修持的目標。可是，彌陀淨土的修行者，除了持名念佛及願生西方淨土，也必須先在人間修種種福業，乃至發大菩提心，利益眾生、修清淨梵行，才能成就往生上品淨土的功德。禪宗雖然是以開發自心淨土的明心見性為目的，卻以「道在平常日用中」為修行的原則，因此《六祖壇經》的〈無相頌〉之中，就有這樣的四句話：「佛法在世間，不離世間覺；離世覓菩提，恰如求兔角。」足見不論是修的西方淨土還是修的自心淨土，他們的著力點，都不能脫離現實的人世間。

無可諱言的是，晚近數百年間的中國漢傳佛教徒們，由於不重視弘化人才的培養，普遍走向消極厭世的一面。例如以「了生死」三字為藉口，修淨業的人，就光靠念佛，求生淨土，竟忽略了修種種福德行；標榜禪修的行者，就知道坐破幾十個蒲團、走破幾千雙草鞋，唯求頓悟破關，竟忽略了穿衣吃飯、待人接物皆是禪。

我所主張的人間淨土，即是根據大、小乘的佛陀遺教，同時也參考中國佛教史上幾位大善知識的思想。例如《阿含》、《般若》、《華嚴》、《法華》、《維摩》、《無量壽》等諸經典之中，均可見到人間淨土的印象。又如天台智者大師、法藏賢首大師、六祖惠能大師、永明延壽禪師、蕅益智旭大師等所說的，妄心濁世皆是與淨心淨土相即相應。到了現代的太虛、印順二位大師，便更明白地提出了人生佛教、人間淨土、佛在人間的主張。我不敢說，我有什麼新的看法，我只是依據佛經及祖語，希望把人間淨土的思想，推展成為人人都能實踐的一種生活方式，我所講的、我所行的，多少跟前輩諸大師們的思想有相同處，也有不同之處。

因為近二十年來，人間佛教、人間淨土，已從少數人的思想，逐步形成了許多人在說在行的臺灣佛教主流。在這方面，我從理論面及實踐面，都下了一些工夫。現在法鼓文化公司，蒐集我歷年來與人間淨土相關的文章，編成本書出版，謹以慚愧及感恩之心，寫了這篇自序。

二〇〇三年七月十二日於臺北農禪寺

編案：此文為《淨土在人間》一書之自序。本書則是在《淨土在人間》之外，增補與「人間淨土」主題相關之文稿，因與原書不同，故更名為《人間淨土》。

目錄

「人間淨土」是什麼？

法鼓山所提倡的人間淨土，不是空中樓閣似的幻景和夢想，那是能夠在我們每一個人的現實生活中體驗得到的事實。

建設人間淨土的理念，不是要把信仰中的十方佛國淨土，搬到地球上來；也不是要把《阿彌陀經》、《藥師經》、《阿閦佛國經》、《彌勒下生經》等所說的淨土景象，展現在今天的地球世界，而是用佛法的觀念，來淨化人心，用佛教徒的生活芳範淨化社會，通過思想的淨化、生活的淨化、心靈的淨化，以聚沙成塔、滴水穿石的逐步努力，來完成社會環境的淨化和自然環境的淨化。

因此，我在許多場合都強調：只要你的一念心淨，此一念間，你便在淨土；一天之中若能有十念、百念、千念的心靈清淨，你便於此十念、百念、千念之間，體驗到淨土。在我們的生活環境中，只要有一人的一念心清淨，就有一人見到了一念的淨土，若有志同道合的十人、百人、千人，願意體驗一念清淨，就有十人、百人、千人見到了一念的淨土。此在宋初永明延壽禪師（西元九〇四—九七五年）的《宗鏡錄》內，常常說到「一念相應一念佛，念念相應念念佛」（編案：此二句係出自《靈峰宗論》：「故《宗鏡錄》云：『一念相應一念佛，念念相應念念佛也。』」而非直接引自《宗鏡錄》。）的觀點；到了明末，蕅益智旭大師（西元一五九九—一六五五年）在其《靈峰宗論》內，也有多處引用了這兩句話。

到了近代，太虛大師主張人生佛教，倡導彌勒淨土；先師東初老人繼此思想而創辦《人生》雜誌，鼓吹人生佛教；現在的印順長老主張「佛在人間」，是依據《增一阿含經》所說：「佛世尊皆出人間。」我是跟隨古聖先賢，提倡人間淨土，除了用種種方式表達建設人間淨土的實質性，也曾以專題演講闡釋建設人間淨土工作的必要性。例如拙作《禪與悟》、《禪的世界》所收的兩篇同名〈人間淨土〉的文稿，《人生》雜誌一四一期為印順導師九秩嵩壽座談會做的專輯，以及《法鼓》雜誌八十二期刊載我在法鼓山奠基典禮上的講詞〈人間淨土法鼓山〉等，多少已經表達了法鼓山所提倡的人間淨土，便是人間佛教的全面推動與普遍落實。

我們從佛教的原始聖典中，例如四種《阿含經》及諸部律藏，所見的釋迦牟尼佛，是非常人性化的聖人，佛的言教、身教，都是為了淨化人心及淨化社會的目的，教導人們如何生活得清淨、精進、簡樸、平安。例如《阿含經》揭示的主要內容，就是善、信、戒、定、慧的五種增上，鼓勵大家，即使是俗人，至少當具備善、信及五戒（不殺生乃至不飲酒），加上定及慧，便能得解脫，如果世間人類，都能接受佛的勸告，縱然不能人人解脫，人與人之間，也不會有戰爭殺戮、爾虞我詐、恐怖邪惡等的行為了，那樣的世界，不就是人間的淨土了嗎？諸部律典的對象，也都是為了人類行為的淨化而做的規定，是跟《阿含經》彼此呼應的。

一、心淨則國土淨

在大乘經典之中，也處處提示，只要人的心念淨化、行為淨化，便可體驗到這個世界，就是佛國淨土。《華嚴經》開頭就說：「一時佛在摩竭提國寂滅道場，始成正覺，其地金剛，具足嚴淨。」也就是說，佛初成佛，他所住的這世界，對佛而言，便是淨土。

《法華經．方便品》說，「諸佛出於五濁惡世」的現實世界，以方便力，度此五濁惡世的人類眾生「令入於佛道」，乃至教導：「若人散亂心，入於塔廟中，一稱南無佛，皆已成佛道。」這就是說，縱然是一個妄想雜念很重的凡夫，如能進入佛教的道場，乃至只稱一句「南無佛」，他的這一念心，便與佛道相同，也同處於佛國。

在《維摩經》的〈佛國品〉說：「依佛智慧，則能見此佛土清淨。」「不依佛慧，故見此土為不淨耳。」又說：「若人心淨，便見此土功德莊嚴。」此處所說的「佛慧」，性質與《阿含經》所示的慧增上的性質相同，在大、小乘的諸聖典中，以戒、定、慧的三無漏學為基礎，八正道、六度、三解脫門等，都以開發佛的智慧為學佛的目標。不論哪一宗、哪一派，終極點無一不是以開佛智慧為圓滿。

一旦用佛的智慧看世界，便見無處不是淨土，凡夫雖然尚未開出佛慧，若能運用學習開啟佛慧的觀念及其方法，便可盡量地不有惡心，不做惡事，不造惡業，雖不能完全清淨，總比不想接受佛法、不願修學佛法的人，更容易避免從自己內心產生邪念及惡行。大乘佛法的《維摩經》主張「隨其心淨則佛土淨」；《華嚴經》主張「應觀法界性，一切唯心造」、「心如工畫師，畫種種五陰」，都是強調，由於人類的心，不淨與心淨，便能造成人生觀及宇宙觀的改變，便能決定其所處世界的或濁或淨。

因此，要想淨化世界，首先要著重人心的淨化；要拯救人類世界，必先要搶救人類的心志。釋迦牟尼佛說法四十多年，為的也就是拯救人心。我們法鼓山也推出了一個「心靈環保」的運動，實則用的還是釋迦世尊的遺教，以苦、空、無常、無我的基本佛教教理，配合著傳授菩薩戒，推廣念佛、禮懺的修行活動，尤其是舉辦分層級、分階次的各項禪修營、成長營，提倡佛學研究與生活實踐並重，慈悲與智慧兼顧，利他與自利平行。同時也為了由內心的淨化發展為儀表的實踐，由儀表的實踐來展示內心的淨化，所以推出了「禮儀環保」的運動，運用佛教的理念及方法，推廣不良風俗的改革，以期提昇人的品質，弘揚人的尊嚴。

二、落實建設人間淨土

我們法鼓山是一個運用正知、正見和正信的佛法，來淨化人間的佛教團體，多年來就像所有正統正信的佛教徒們一樣，都在做著淨化人心、淨化社會的工作，我們的團體，是以計畫性及組織化的方式來推動，成果雖還很少，但已產生了相當大的影響，獲得了社會各界的肯定。

為了做得更加具體和普及起見，我們除了繼續以往的各項淨化活動，特別以一九九七年定為「人間淨土年」。《人生》雜誌也配合此一年度的重點活動，編輯部特別開闢一個專欄，分別從環保、藝術、社會、宗教、教育、醫療、政治、文化等各種角度，探討「建設人間淨土」的大事業，邀請各領域的專家配合我們的理念，提供他們的智慧。我們也盼望藉此專欄的推出，能將建設人間淨土的工作，推廣落實到每一個領域的每一個角落中。

（一九九六年十二月五日深夜完稿於美國紐約東初禪寺）

人間淨土何處尋？

一、人間是什麼？

一般我們講人間，好像是指人與人之間的關係，但在佛學上，是當「人」的意思，在日本「人間」也是作「人類」解釋。

人類是眾生的一類，在佛法中，眾生可以有三種分法：

（一）五趣即五類的眾生。

（二）六道即六類的眾生。

（三）十法界即十類的眾生。

五趣和六道都是指凡夫，十法界則包括凡夫和聖人。

人是五趣之一，五趣乃從因的立場來看不同的果。此趣位的「趣」，也就是去向的「去」。端視我們一生中究竟造了什麼不同的業，就去到我們應該去的地方。通常五類即：地獄、餓鬼、畜生、人、天。因此，由這五個地方，就可知道我們造了哪一類的因。例如：造了地獄的因就到地獄，造了人的因就到人道上。

人是六道之一。道是「路」的意思，從果位上而言，我們正走在什麼路上就稱什麼道。例如：前生造了人類的因，即到人道，也就是走在「人」的路上。為何稱為「六道」？即是五趣再加阿修羅趣。為何五趣沒有阿修羅趣？因為阿修羅可以在人間，也可以在天道；可以在畜生道，也可以在餓鬼道。凡是非常凶的人、鬼、神，或凶而靈的動物都可以稱為「阿修羅」。

根據佛經中記載，阿修羅常在人間作祟，又到天上像孫悟空般鬧天宮和天人作戰，而每次和天人作戰時，他一定是被打敗，之後就逃到人間，人間無處躲就躲在水裡，或植物或藕孔去，他可大又可小。

就十法界而言，人是十法界中的一界。所謂十法界包括四聖、六凡。就是六道（六法界）再加上小乘的聲聞和緣覺、大乘的菩薩和佛四類聖人而成。凡所有一切眾生——包括從最低層次到最高層次，均在十界之內。

「人間」的意思在經中的根據，如：

（一）佛在《長阿含經》卷二十《世記經．忉利天品》云：「我昔於人間，身行善，口言善，意念善。」「我」是指佛。佛在人間修行時，身、口、意都是善，亦即十善業。修十善業就可得人天果報。

（二）《中阿含經》卷三十六《聞德經》云：「天上人間，七往來已，則得苦邊者。」是說入道聖人要證得果位須到人間七次，直到證得阿羅漢果後就不再來人間，而解脫生死苦海。

人間的定義可由幾方面來看：

（一）「人間」乃由梵文翻譯而來，梵文叫「摩奴闍」（manuṣya）。

（二）《立世阿毘曇論》卷六，解釋「人道」一詞有八義：聰明、勝、意微細、正覺、智慧增上、能別虛實、聖道正器、聰慧業所生。這些看似複雜，其實很簡單。因為人有這些能力，可以分別、分析、記憶、思考，所以稱為人。更重要的是六界眾生之中，只有人是修行佛法的道器，也就是說人的身體是修行佛法的工具，而其他眾生卻不容易成為修行的工具。也正因為眾生可得不同的身體，此生為人，來世不一定為人，故得人身時是最好修行的時候。

（三）《大般涅槃經》卷十八謂：「人者名曰能多恩義，又復人者身口柔軟，又復人者名有憍慢，又復人者能破憍慢。」其實應還有很多特性是人所具有的，如憍慢外還有嫉妒。或許其他動物也會有嫉妒心，但人的嫉妒心更強。其他的動物可能有懷疑心，但傲慢唯有人類才有。為何有傲慢？因為人有思想的能力，他是以自我為中心，加上判斷，就比較會產生傲慢。

（四）由以上可知梵文「摩奴闍」——「人間」，翻譯成中文是「思考」及「思考者」。動物的構成條件有四：1.細胞、2.神經、3.記憶、4.

思考。愈低等的動物，所具備的條件愈少，唯有人類四種條件具足。其他高等的動物，如狗、猴，最多僅有少許記憶，唯獨人類能夠思考。

二、人間在何處？

我們已很清楚人是住在這個世間，但是不是僅有這個世界有人呢？根據佛經上說，這世界是在一個有形的山丘，但是我們看不見，我們稱為「須彌山」。

須彌山的頂層是天人所居，底層是地獄眾生所住，須彌山的四方有四大洲可住人。我們是在須彌山的南方，而東方、西方、北方也都各有一個地方可住人。不同地方的人類壽命和福報，以及自然環境都不相同。我們不知道須彌山的東方、西方、北方在哪裡？但佛經中說人類最長壽的是北方，每個人可以活到一千歲。

除了我們知道的地球以外，其他的地方是不是還有人呢？有人問「人身難得」，還有「人身一失萬劫不回」，似乎是說很不容易為人的，失去人身的機會很多，得到人身的機會很少。可是地球上的人愈來愈多，這是否和佛法不相應呢？

其實佛經中曾提到，娑婆世界是以須彌山為中心，而以須彌山為中心的世界是個小世界，一千個小的世界稱中千世界，一千個中千世界稱大千世界，一個大千世界稱娑婆世界。我們這個娑婆世界，有多少個像地球這樣的地方啊！雖然我們眼睛看不到，但在這整個娑婆世界，就是一個佛所教化的範圍，釋迦牟尼佛稱為娑婆教主。諸位不要誤會，認為釋迦牟尼佛只是我們地球上的教主，其實是整個三千大千世界的教主。而在這世界出現以前，已有很多的世界存在，當我們這世界毀滅時，還有很多其他的世界將會生起。

三、人從何處來？

人最初是由哪裡來的呢？基督教說人是上帝造的，先有地球、世界，然後再造人，不論此種說法是否正確，讓我們看佛經裡的說法。

根據《長阿含經》卷十四《梵動經》、卷二十二《世記經．世本緣品》等，均介紹到人的起源，其中說：世界由存在到毀滅共經四個階段，即成、住、壞、空。經歷這四個階段稱一個大劫。當世界在完成這四階段時，就有一些眾生，從第二禪天的光音天的天人中，因福報享盡，壽命結束，漸往下至梵天，再到有物質的地球世界來。

「天」分為欲界天、色界天、無色界天。欲界天人都有形相；色界天人則只有心理、精神的現象，而無物質現象存在。原在二禪天——光音天的眾生是無物理現象，即無身體，存在的只是精神、心理現象。但後漸降到了地球，最初仍然飛行自在，未感覺到身體，漸漸在地上沾了地氣，吃了地上的東西，身漸粗澀，不能飛行，逐漸也會老化、死亡，那就是我們的祖先。

那麼光音天的人是從哪裡來的呢？他們是從不同的世界修行禪定，修成之後而生到禪定天。所以眾生應是從無始以來就有，並無開始，但地球上的人則是有開始的起點。

四、如何生為人類？

除光音天的眾生成為人類的祖先外，以後所有的人類是怎麼來的呢？

（一）《雜阿含經》：行十不善業，生於地獄，若生人中，即受諸難。行十善業，生於天上，若生人中，得免諸難。此處所講的是因果報應。十不善即指十惡業，包括殺、盜、邪淫、妄語、兩舌、惡口、綺語、貪、瞋、癡。亦即身業三、口業四、意業三。若造此十種不善因的全部，即墮地獄。若只造一部分，可能生於人間，但卻受種種阻難。相反地，十善即指不殺生、不偷盜、不邪淫、不妄語、不兩舌、不惡口、不綺語、不貪、不瞋、不癡。做人時，十善業均能做到並不簡單，若全部做到，則可生於天上，若做一部分，生於人間，可免受諸難。

（二）《佛為首迦長者說業報差別經》云：「於十善業，缺漏不全，以是十業，得人趣報。」

（三）《辯正論》卷一引《魔化比丘經》云：「五戒人根，十善天種。」即持五戒之人，均能生到人間為人，修十善則能生到天上去。五戒即指：不殺生、不偷盜、不邪淫、不妄語、不飲酒。

（四）《盂蘭盆經疏》卷上云：「一人乘，謂三皈五戒，運載眾生越於三塗，生於人道。」人乘即人所乘的交通工具，也就是到人間所乘的交通工具、所具備的條件。到天上也有交通工具稱天乘。成聲聞、緣覺的條件是二乘，而成菩薩的條件稱大乘。最高的交通工具即佛乘。如何成佛？便是修行佛法。而修行佛法可分五個層次，最低的稱人天乘，便是三皈、五戒、十善。也就是說受三皈、持五戒、行十善得生於人間。

（五）印順法師《佛法概論》第三章說，人間有四特勝：1.環境有苦有樂，2.知慚愧，3.有智慧，4.能堅忍。具備這些條件後才可為人，所以說人身難得。且因唯有人的身體是修行最好的工具，所以人身更是可貴。

五、什麼是淨土？

（一）淨土的定義：淨土的意思就是佛、菩薩等聖人所住的國土。是佛的功德所成的世界，也可能是佛的願力所成的世界。其和我們的世界不一樣的地方是無病、無惱、無苦的環境。但因為修行的成果不同，所建造的淨土也不一樣；同樣地，在淨土裡佛所建造的和凡夫建造的不同。因此淨土分為四種等級。

（二）淨土的等級：

1.法身土——法身所居住，永遠且普遍存在的。是無形，也可說沒有一個形相不是在此淨土中。

2.報身土——報身即佛的功德身，佛的功德能和聖位菩薩的人共同分享，能使聖位菩薩在佛的淨土中，繼續成就佛和菩薩的道業。

3.化身土——化身佛的淨土，化身佛乃是度凡夫。我們這世界也是淨土，若學佛、接觸佛法，就會感到淨土就在面前。當然也有死後往生的世界是在佛國裡，而凡夫所居佛國的淨土也是化身土。

4.凡聖同居土——即使我們到西方、東方或任何一個佛國淨土，我們自己仍是凡夫，雖然可以看到許多菩薩、羅漢和佛，但在同一個地方，菩薩所能感覺的淨土和凡夫所感覺的淨土是不同的，此稱凡聖同居土。

（三）淨土的種類：由經典可分四類。

1.唯心淨土：《維摩經》云：「隨其心淨則佛土淨。」是說心清淨的話，所見的世界亦是清淨的。此「心淨」係指心無煩惱，心中只有智慧的光明，無煩惱的黑暗。此時所見的世界也就是淨土，即使在地獄，心無煩惱，地獄亦成淨土。所以，因意念的轉變，世界也完全不同，如心非常煩惱，則所見的世界亦成地獄。若能看開、想通，所見的就是淨土。有句話說「化火焰為紅蓮，化紅蓮為火焰」，便是指只要意念轉變，世界便為之而轉變。

2.他方淨土：十方諸佛的淨土，和我們這世界最有緣、感覺最親切的是阿彌陀佛的極樂世界。

3.天國淨土：是在欲界天裡的兜率天，分內院和外院，外院是凡夫所居，內院是彌勒菩薩教化眾生的地方。

4.人間淨土：可從幾個地方看到，一是在彌勒菩薩到人間成佛時會出現；二可到須彌山北方的北俱盧洲看到，目前那裡是人間淨土，可惜還沒有交通工具可以讓人去參觀。因此，我們最好努力在這個世界建設人間淨土。

人間淨土的建設及理想現象可由《正法華經》卷三的〈應時品〉看出：「平等快樂，威曜巍巍，諸行清淨，所立安隱，米穀豐賤，人民繁熾，男女眾多，具足周備。」

目前，我們在這世界上所感受到的是不安、憂慮、沒有保障，且感到缺乏不夠，希望得到的東西，不容易得到；不希望得到的東西很多，所以這不是淨土。但我們可能在這世界建設淨土的境界嗎？答案是可能的。若是不能，釋迦牟尼佛便不須在人間出現。而人間過去可曾出現過淨土？是的，有的是個人見到淨土，即「唯心淨土」，有的是一個家庭、一個範圍或區域的人所建造的淨土。

六、為何建設人間淨土？

因為佛是在人間成佛，而成佛後教化的對象是以人為主，而且所有眾生中能修道成佛的只有人才有可能，所以我們既然是在人間，又遇到佛法，當然要從人間淨土開始著手。也因為佛法的修行是從「人」的基礎開始才成佛，所以若「人」都沒做好，則成佛的可能性也沒有了。

前面我們提到受三皈、持五戒、行十善者可以生在人道和天道，但是否受三皈、持五戒、行十善者僅可生在天、生在人間呢？不是，若未聽聞佛法、修持佛法的人，因不能解脫，所以，只能在人間和天上。如果聽聞到佛法後，知道「無我」、「空」的道理，就會出三界入佛道。

對於佛法修行道理，都有它的層次，第一層教我們不要造惡因、墮地獄，因此為了不墮地獄，所以不造惡業。第二層是修善業，因為修善業可往生人間及天上，如此我們便不會做壞事。這些都是以「自我」的出發點來教化，因眾生都是自私、自我的，所以為了自己的利害關係，便會去惡修善，此即為基礎佛法的層次。這是人天乘的說法，即以此為基礎告訴我們，天福享盡後又會到下面來，所以天福是不可靠的。

在人間，人的壽命很短，所能享受的事情絕對很少。因此應該要脫離人間天上的範圍，也就是不要為了自我修行，要以無我的心行一切善。在此之後生到哪裡去呢？還會到人間來嗎？可能會到人間來行菩薩道度人，若未乘願而來，則亦得解脫道。

所以用自我、自私的心來修行，則福報有限，享福的時間有限，如果不為自我修行，只為廣度一切眾生，不求福報、回饋，永遠修行下去，是絕對成佛的。

從以上可以知道生人、天，得有限的壽命福報，以及求解脫的修行法，還有成佛的修行法，基礎都是相同的，只是存心、觀念不同。

七、如何建設人間淨土？

人間淨土可分二個方向來建設，一是物質建設，二是精神建設。前者可從科學、技術方面去努力，後者可從對佛法的信心與修行去努力。從佛法的立場看，物質的建設有與無、多或少，不是重要的事。精神建設才是重要的。請問諸位，若一個貪得無厭的人有了一棟洋房後，他會不要第二棟、第三棟嗎？我想人是不怕錢多的。假若一個人的家裡，所有物質條件都有了，這個人是否會感到即生活在淨土裡呢？

有一次一位居士載我到他家裡去，那是一間別墅，院子很大，房子也很漂亮，進了屋子一看裡面的擺設都好像在極樂世界一樣。我說：「你住在這裡一定是很快樂了！」他回答：「師父啊！如果我住在這裡快樂，就不會請你來了。」他說：「我的電話每半個月要換一次號碼！我的門鎖已經換好幾次了，而保險及防盜系統常被破壞，我住在這兒非常痛苦，我準備搬家了。」在我看來那是一個極樂世界，真想說：「你這房子讓給我好不好呢？」於是我告訴他：「問題不在外在，而在你本身心裡空虛、沒有安全感，如果你能將事業、財產都看成是臨時的、暫時的。有很好，沒有也無妨，我想你就會感到平安，而覺得這地方非常好了。」但他卻告訴我：「師父你真不懂事，現在這世界你自己要做好人，自己放得下，但人家卻放不下你！自己看得開，人家看不開呢！所以，就算我認為今天晚上東西都沒有了也沒關係，可是問題沒有解決，社會上專門綁票的人，專找開賓士車的企業家，這社會就是這個樣子，我放得下，但他們放不下啊！」

最近又遇到另外一個居士及她的家人。她住的房子很好，有天晚上來了五、六個人破門而入，將他們綁起來，再搜索家裡的東西。這位太太剛皈依沒多久，皈依時我教她發生任何困難時，別人救不了妳的時候，有人會來救妳，那就是觀世音菩薩，妳只要念「觀世音菩薩」就行了。於是她就大聲念「觀世音菩薩」，此時那幾個強盜就說：「不要念了，我們也是佛教徒啊！」後來就搶走了現款，沒有取走其他的東西及傷害她的家人。被搶後他們就趕快搬家了。她將經過告訴我，我說：「哎呀！妳不需要搬家呀！他們已經來過，也知道妳念觀世音菩薩，且他們也是佛教徒，下次不會再來了，即使再來，只要妳常念觀世音菩薩，有修行、有信心，妳會平安的。」

我們一個人如此地學佛、修行，且勸人受三皈、持五戒，即有諸佛菩薩及護法善神保護我們。

建設人間淨土是從每個人的內心做起，每一個人要有行善的心，不要有自私的心。其次是要照顧全家，希望全家人都能平安，也都能成為佛教徒，再讓與自己有關係的人也都能念佛，都能行善，無自私心，如此由個人推展到家庭再到團體，漸成淨土的世界。

如果我們都能如經裡所說身行善、口言善、意念善，身、口、意三業都做好事，則淨土就在我們面前。即使白天看不到，晚上也會在夢中見到。

（一九九〇年九月二十日講於臺北國父紀念館，林淑芬居士整理，同時收錄於《禪與悟》，原篇名為〈人間淨土〉）

淨土思想之考察

一、前言

淨土思想本為佛教的三乘共法，乃至也是五乘法，是通佛法，不是特殊法。如果佛法是為人間所設，必須肯定釋迦世尊出現人間，旨在淨化人間，即是將此娑婆穢土而轉化為相當程度的淨土。所以，佛法既分五乘，必也有五乘不同層次的淨土境界，是以人間淨土、天國淨土、二乘淨土、諸佛淨土，都應列入淨土思想的範圍。

不過，在中國、日本，由於阿彌陀佛極樂淨土之特別受到重視與弘通，成為一大宗派，甚至在日本，又從本派歧出了淨土真宗等數流，聲勢浩大，群眾風從，因此，提及淨土二字，便會自然地意味到是彌陀淨土。更何況彌陀淨土的流衍，不僅被視為一個專宗，甚至已為傳承迄今的中國佛教諸宗，如三論、華嚴、天台、禪、律、密，幾乎無不主張以彌陀淨土為依歸，以致反使淨土宗的專宗名目，成了虛設，比如諸宗均主張師師相承、祖祖相傳，唯淨土宗則連歷代諸祖的排名及次序，都無法確定，更談不上師承傳持的系統了。

既然淨土是五乘共法，彌陀淨土的法門又幾乎是中國佛教諸宗之所共用，但是弘揚淨土者，殊少對於淨土思想的層次分類，做過較為詳細的分析介紹，這是我撰寫本文的動機之一。又由於數位藏密系統的行者，近年來鼓吹彌陀淨土的消業往生而非帶業往生之說，引起中國傳統淨土行者們的反抗。其實，帶業往生固無經證，但在《觀無量壽經》的「下品下生」條下說：「往生極樂世界，於蓮花中滿十二大劫，蓮花方開，當花敷時，觀世音、大勢至以大悲音聲，即為其人廣說實相，除滅罪法。」❶既然到了彼國，尚須聞實相法而來除罪滅罪，可見去時的罪業並未消盡，即係帶業往生。又《觀無量壽經》的九品往生彼國之說❷，以及《無量壽經》等的邊地胎生彼國，經五百歲常不見佛之說❸，得悉彼土眾生雖皆能夠於無上菩提證得不退轉位，然於往生之際，善根各有差別，業障亦各有輕重。縱然如《十住毘婆沙論》的〈釋願品之餘〉所云「諸善根成就，業障礙已盡」、「又是諸佛本願因緣，便得往生」❹，但亦不能否定帶業往生的可能性。不過經中亦處處說到滅罪消業之法，淨土法門如此❺，特別是密教，強調他力加持，所以尤其重視消業之說。以他們的觀點，眾生不須為業障擔憂，以彌陀願力，往生之前，業障全消，既生彼國，便無業障隨身。在我以為，帶業往生及消業往生，乃是知見執著問題，不是有業無業或能往生不能往生的問題。密教行者，多半依其自內證的經驗而看問題，乃是代表著印度晚期大乘佛教的特色。不同於一般的通佛教，所以通佛教的學者，可與之諍辯，亦可不必與之諍辯。備其一說，存其一格，知其同異，一任其同異，又何妨呢？此為我觸及淨土思想問題而撰寫本文的另一動機。唯於本文將不深論帶業與消業之辨，乃就資料所及，將淨土思想，做一次較為廣泛的探討。

二、什麼是淨土

從字面看，淨土即是清淨國土，至於如何方算為清淨，究竟清淨和比較清淨，均可稱為清淨；主觀的清淨和客觀的清淨，也都是清淨。佛教所說的淨土，究係何指？在通常的介紹和說明中，所謂淨土，大概是指西方極樂世界，此乃由於彌陀淨土的信仰，普遍地深植人心之故。若在一般佛教學者的觀點，所謂淨土，乃是泛指諸佛為度一類眾生，而以其本願力所成就的佛國淨土，所以此與眾生業報所感的穢土，是相對相成的。為了把穢土的苦海眾生，度出生死輪迴，諸佛以願力為之提供理想的環境，各自成立國土，以接引有願往生的眾生。

淨土有許多不同的稱呼，例如：佛國、佛剎、佛界、佛世界、淨邦、淨域、淨世界、淨妙土、蓮邦、妙土、清淨土、清淨國土等的異名。

除了總名有如上的異稱之外，諸佛的國土，也各有其特定的名稱，以表示其所處的方位和所具備的功德等。十方三世的一切諸佛，均各有其不同的國土。因此帶來了一個問題：諸佛的淨土，究竟是方便示現的化土呢？還是功德示現的報土？化土為凡聖同居的穢土，報土始為聖人所居之淨土，聖者有高下，所以又將報土分作自受用的實報土，及他受用的初地以上菩薩所居土。以此標準言，諸佛為利他的大悲願力所成國土，均非究竟淨土，皆係方便淨土，甚至只是凡聖同處的淨穢相雜土。如係究竟淨土，則佛佛平等，一相一性，無處不遍，無時不現，不應有十方的分位，亦不該有三世的分際。據此以論，諸佛淨土，雖稱佛國，實際仍為利他而設的眾生國，究竟佛的法身，橫遍十方，豎窮三世，不須有其特定時空以內的淨土。一般所謂淨土者，乃為一個含混的名詞，故到《佛地經論》卷一，有三身三土之說❻；《成唯識論》卷十，有四身四土之說❼；智顗的《維摩經略疏》卷一等，所說的四土，則以《阿彌陀經》的極樂世界，稱為凡聖同居土；二乘及地前菩薩所生者，稱為方便有餘土；地上菩薩所居者，稱為實報莊嚴土；佛的法身所居者，稱為常寂光土[8]。從古來諸師的見解看來，所謂真的淨土，至少是初地以上的菩薩所居者，方能相當。若依《仁王般若波羅蜜經》卷上所說：「三賢十聖住果報，唯佛一人居淨土。一切眾生暫住報，登金剛原居淨土。」[9]則唯有證得佛果之後的諸佛所居，方得真名淨土。

本文所說的淨土一詞，乃是泛指大小、廣狹，比較級、究竟級，主觀的、客觀的，包容各種意義，而加以分別探討。

三、淨土在哪裡

佛教的諸經論中，所說的淨土，是諸佛的願力所成，故有十方無量諸佛的淨土；十方均有三世無量諸佛的淨土，佛有無量數，淨土亦有無量數，不得指方立向而計算其數量。可是在釋迦世尊以有限的時間所說有限的三藏教典中，所見的諸佛數量及其名號，也是極其有限，菩提流支所譯《佛名經》❿，列舉諸佛名號僅得數千，通常以過去、現在、未來各一千佛，共計三千佛為持誦禮拜的對象⓫。至於由世尊介紹得較為明確和詳細的佛土，不得不謂寥寥可數。現在將之分作：（一）他方世界；（二）現前世界；（三）自心世界的三類，說明如下：

（一）他方世界的淨土

他方世界的淨土，又可分作現在佛的淨土及未來佛的淨土。

1. 現在佛的淨土

根據資料，現在佛的淨土，較為具體的，有如下的四個：

(1)阿彌陀佛的極樂世界：有關極樂世界的資料，在諸佛淨土之中，是最豐富的一種。極樂淨土究竟在何方？

a.《阿彌陀經》說：「從是西方，過十萬億佛土，有世界名曰極樂，其土有佛，號阿彌陀，今現在說法。」[12]

b.《無量壽經》卷上云：「法藏菩薩，今已成佛，現在西方，去此十萬億剎，其佛世界，名曰安樂。」[13]

c.以《阿彌陀經》為始，述及極樂世界者，尚有《觀佛三昧海經》卷九、《大般泥洹經》卷一、《稱讚淨土經》、《大般若波羅蜜多經》卷一、《無量壽如來修觀行供養儀軌》、《大寶積經‧無量壽如來會》等，共六十餘種經典。因此對淨土的信仰亦最普遍。

極樂世界的異名異譯也特別多，梵語蘇訶嚩帝（Sukhāvatī），又稱須摩提（Sukhāmatī），被譯為極樂世界、極樂國土、安樂淨土、安樂世界、安樂國、安養淨土、安養世界、安養國等，又被稱為西方淨土，或者簡稱西方。

d.《般舟三昧經》、《佛說阿彌陀三耶三佛薩樓佛檀過度人道經》卷上、《平等覺經》卷一等，均說彌陀的國土，是在過千億萬須彌山佛國的西方。梵文《無量壽經》、《無量壽莊嚴經》卷中、《稱讚淨土經》等，則說過百千俱胝那由陀佛剎。梵文《阿彌陀經》、《如幻三摩地無量印法門經》卷上，說是百千俱胝佛剎。《拔陂菩薩經》說為百千億佛界。《觀世音菩薩授記經》說億百千佛剎。極樂淨土距離我們的娑婆世界，究有多遠，可謂眾說不一，唯其是在此土的西方，則為共說。

(2)阿閦佛的妙樂世界：根據學者的研究，在淨土思想的發展史上，倡導現在有多佛同時出現於十方世界的最早型態，恐怕要首推阿閦佛的妙樂世界，因其國土，極為簡樸，且與人間淨土有接近處，如其國中，亦有女人，也有生育，所不同者，不以欲心，孕無痛苦，亦無痲煩的月事。敘述此佛國土的主要經典是《阿閦佛國經》。該經卷上的〈發意受慧品〉云：「東方去是千佛剎，有世界名阿比羅提（妙喜或譯作妙樂）。」[14]阿閦佛在此一世界初發無上菩提心，亦在此一世界成佛。

在《法華經》卷三〈化城喻品〉，說阿閦佛因地時，曾為大通智勝佛未出家時的十六王子之一，名叫智積，後在東方成佛。《悲華經》卷四云：曾為阿彌陀佛的前身無諍念王的千子之一，其第九王子蜜蘇，後在東方成佛，國名妙樂。密教則將阿閦佛做為金剛界的五佛之一，以表大圓鏡智。

此外，述及阿閦佛及其國土的經典，則有《大寶積經．不動如來會》、《道行般若經》卷六及卷九、《首楞嚴三昧經》卷上、《維摩經》卷下等。

(3)藥師佛的琉璃光世界：依據《藥師如來本願經》的敘述：「東方過此佛土，十恆河沙等佛土之外，有世界名淨琉璃，彼土有佛，名藥師琉璃光如來。」[15]從《藥師如來本願經》看，藥師佛的功德，與其說是鼓勵眾生求生琉璃光淨土，倒不如說旨在救濟眾生現生的疾苦災難，所以眾生視藥師佛如藥王，亦如醫王，應病給藥，消災延壽，藥師佛也因此而受到廣泛的崇信，尤其受到密宗的普遍重視。其經典及儀軌行法，被收入《大正藏》的，竟達二十五種之多，日本對於藥師佛的信仰也很普遍[16]。

(4)釋迦佛的淨土：依據經典，釋迦佛的淨土，有兩種不同的說法，且舉三種資料如次：

a.《大般涅槃經》第二十四卷的〈光明遍照高貴德王菩薩品〉云：「西方去此娑婆世界，度三十二恆河沙等諸佛國土，彼有世界，名曰無勝。彼土何故名曰無勝，其土所有嚴麗之事，皆悉平等，無有差別，猶如西方安樂世界，亦如東方滿月世界，我（釋迦佛）於彼土出現於世。為化眾生故，於此界閻浮提中，現轉法輪。」⓱

b.《法華經》卷五〈如來壽量品〉第十六云：「一心欲見佛，不自惜身命，時我（釋迦佛）及眾僧，俱出靈鷲山。我（釋迦佛）時語眾生，常在此不滅，以方便力故，現有滅不滅。」⓲

c.《大乘遍照光明藏無字法門經》亦云：「彼未來世，諸眾生等，若得聞此希有（無字）法門，當知是人，久已成就無量福慧。……當知是人，常見我（釋迦佛）身，在靈鷲山，及見此等諸菩薩眾。」⓳

從上述的三種資料，可以明白釋迦的國土，至少有兩個：一是西方的無勝世界，二是為了「不自惜身命」而「久已成就無量福慧」的人所顯見的靈鷲山淨土。如果加上化現此土的閻浮提，則有三個國土了。為何一佛而有幾個國土，那唯有以受用土及變化土的準則來區分，諸佛願力無邊，自受用土固然寂靜無相而遍於一切，他受用土及變化土，則可同時顯現無量國土以接引有緣眾生。

2. 未來佛的淨土

所謂未來佛，即是說現在尚居菩薩果位，但已接受了諸佛給予的授記，斷定他們何時必將成佛，並以他們各自的本願力，必將完成一定的國土，以備成就眾生。現在且舉如下的四部經典所述者，用供參考。

(1)《文殊師利佛土嚴淨經》卷下云：「（文殊師利）如本誓願所志具足，世界名曰：離塵垢心」，「在於南方，去是忍（娑婆）界，極在其邊。」[20]

(2)《觀世音菩薩授記經》云：「阿彌陀佛正法滅後，過中夜分，明相出時，觀世音菩薩，於七寶菩提樹下，結跏趺坐，成等正覺，號普光功德山王如來。……其佛國土，無有聲聞緣覺之名，純諸菩薩，充滿其國。華德藏菩薩白佛言：世尊！彼佛國土，名安樂耶？佛言：善男子！其佛國土，號曰眾寶普集莊嚴。」㉑

(3)《悲華經》卷四〈諸菩薩本授記品〉，記有六位菩薩，將於未來作佛，成就國土。（編案：下文只提到四位，另二位為虛空日光明菩薩未來為法自在豐王如來、阿閦菩薩未來為阿閦如來。）

a.金剛智慧光明功德菩薩：於未來世，入第二恆河沙等阿僧祇劫，於此東方過十恆河沙等世界中微塵數等世界，其世界名曰不眴，當得作佛，佛號普賢如來㉒。

b.虛空印菩薩：於未來世，入第二恆河沙等阿僧祇劫，於東南方去此佛土百千萬億恆河沙等世界，有世界名曰蓮華，當得作佛，號曰蓮華尊如來㉓。

c.師子香菩薩：於未來世，入第二恆河沙等阿僧祇劫，於上方去此四十二恆河沙世界微塵數等諸佛世界，有世界名青香光明無垢，當於彼土成佛，號曰光明無垢堅香豐王如來㉔。

d.普賢菩薩：於未來世，入第二恆河沙等阿僧祇劫，末後分中，於北方去此世界，過六十恆河沙等佛土，有世界名知水善淨功德，當於彼土作佛，號曰智剛吼自在相王如來㉕。

(4)《法華經》卷二〈譬喻品〉及卷三〈授記品〉，共有如下五例（編案：下文只提到四位，還有一位為大迦旃延未來為閻浮那提金光如來。）：

a.舍利弗：於未來世，過無量無邊，不可思議劫，當得作佛，號曰華光如來，國名離垢。其土平正，清淨嚴飾㉖。

b.摩訶迦葉：供養三百萬億諸佛，於最後身得成為佛，號曰光明如來，國土名光德。其國無諸穢惡不淨，菩薩無量千億，聲聞亦復無數，雖有魔及魔民，皆護佛法㉗。

c.須菩提：供養三百萬億那由他佛已，於最後身得成為佛，號曰名相如來，國名寶生㉘。

d.大目犍連：供養二百萬億八千諸佛已，當得作佛，號多摩羅跋栴檀香如來，國名意樂㉙。

在《法華經》中，尚有〈五百弟子受記品〉敘述五百羅漢等，當來成佛時的佛號及國土名稱。

以上所列，現在佛及未來佛諸淨土，距離此土的娑婆世界，都相當遠。在彼諸佛土與此土之間的國土，究竟是哪些，為何不將距離此土較近的佛土，或緊鄰著此土的佛土告訴我們？而且，若以此土為中心，向十方延伸者，距此土愈近者，方位愈小，距此土愈遠者，方位愈大。如果距離此土，過萬億佛土，則其國土之大，是否也是大出萬億之外？另外，佛土既有無量無數，何以僅在經中發現有限的數量？又為何僅就少數的幾個佛土，做了較為詳明的介紹？

對這些問題，只能用因緣不可思議來說明，或用佛法不可思議來解釋。只有與此土眾生，在釋迦世尊教化所及範圍之內的眾生，有緣的佛及佛土，世尊才介紹，否則既然無緣，或者緣尚未熟，就不必介紹，好像今日都市中人，雖居同一座大樓，也可能對面不相認識。至於國土的大小，亦隨諸佛的願力所現，何況在同一方位，也可有不同的佛土群列並存，方位是站在此土的立場而言，若在彼土立場，未必要盡占此土方位的全線。

（二）現前世界的淨土

所謂現前世界，是指釋迦世尊教化的這個實際為我們生活著的世界。可以分作兩個階段來敘述：第一階段是釋迦世尊已經化度，並且以他的佛法仍在化度的時代，第二階段是當來彌勒佛降世化度的時代。可以將之簡稱為釋迦佛法時代及彌勒化度時代。

通常所謂淨土，係指他方佛國，我們所居的娑婆世界是穢土，似乎不宜列為淨土之中來討論。其實，世尊出現此土，就是要淨化此土，普勸世人，應斷惡法而行善法。所謂善法，便是教化世人，守各人的分際，盡各人的責任。如果人人守其分際，盡其責任，社會自然安定，彼此自然和諧，生活自然富足，身心自然快樂。此一信仰，不但世尊自己推動，並寄待彌勒佛出世，繼續推動。

1. 釋迦佛法時代

釋迦世尊的佛法，雖有高下深淺之分，但其根本法則為十善。例如《十善業道經》所說：「言善法者，謂人天身，聲聞菩提、獨覺菩提、無上菩提，皆依此法以為根本，而得成就，故名善法，此法即是十善業道。」[30]

十善業道，能致人間淨土，佛經中常以鬱單越（北俱盧洲）的施設，為人間淨土的標準，而欲達此標準，當行十善業道。這如《起世經》卷二云：「或復有人，作如是念，我於今者，應行十善，以是因緣，我身壞時，當得往生鬱單越中，彼處生已，住壽千年，不增不減。」[31]

此娑婆國土，雖與他方佛土比較，乃係穢土，但亦為釋迦世尊於因地時，欲度我輩來生此土的眾生，發五百誓願，以十善法，所化國土[32]。既有佛法淨化人間，雖非淨土，至少已是朝著淨土方向努力的佛國了。

2. 彌勒化度時代

根據經說，我們所處的時間位置，叫作賢劫，共有千佛相繼出世，世尊之後的補位者，便是彌勒佛，將在釋迦佛後五十六億七千萬年（一說五十七億六千萬年），下生人間成佛。《彌勒下生經》告訴我們：那時人壽極長，國土豐樂，四季調順，人民身無病苦，人心皆同一意，言語統一。轉輪聖王出現，以十善正法，化治世間，珍寶自然發現，土地平整如鏡。彌勒佛三會說法，度脫二百八十二億眾生，皆得阿羅漢果。一時有了那麼多的阿羅漢，豈非即是淨土降臨到了人間。

（三）自心世界的淨土

佛法的目的在淨化世界，其根本辦法，是從各人的內心開始。佛法的基本，在於戒、定、慧的三無漏學，十善業屬於戒，戒的精神在於存心的善惡，心若純善，即入於定的層次，定力若深厚而且持久，便發生智慧的功能。故其三學的根本，乃在於內心的功用。如果無法以修行定、慧二業而得自力解脫，便退而求其次，一邊僅僅持戒而修行十善，同時發願求生佛國，以他力獲得度脫苦海的機會。因此，我們若能直接從自心的淨化著手努力，乃是最實際的修行態度。這裡所說「自心世界的淨土」，便是修行三學，淨化身心，心不受夢想顛倒的煩惱所動，則心既清淨，身亦清淨，身心既清淨，所處的國土亦無不清淨。由於苦樂淨穢，無非出於心的感受，心既寂靜不動，所見則無非一片清淨的世界了，此種清淨，超越淨穢相對待的分別心，乃是無條件、無比較、無牽掛的絕對清淨。若能常住此境，豈非即是恆處佛土。現舉幾則經證如下：

1. 佛所說者

(1)《維摩經》卷上，有說到淨土及道場的定義：

a. 何謂淨土？〈佛國品〉說，直心、深心、菩提心、布施、持戒（十善道）、忍辱、精進、禪定、智慧、四無量心（慈、悲、喜、捨）、四攝

法、方便、三十七道品、迴向心、說除八難、自守戒行、不譏彼闕等，皆是菩薩淨土。又說：「隨其心淨，則佛土淨。」❸❸

b.何謂道場？〈菩薩品〉說，直心、發行、深心、菩提心、布施、持戒、忍辱、精進、禪定、智慧、慈、悲、喜、捨、神通、解脫、方便、四攝法、多聞、伏心、三十七道品、四諦、緣起、諸煩惱、眾生、一切法、降魔、三界、獅子吼、十力、無畏、不共法、三明、一念知一切法等，均是道場。又說：「菩薩若應諸波羅蜜教化眾生，諸有所作，舉足下足，當知皆從道場來，住於佛法矣。」❸❹

《維摩經》所說的淨土及道場，是指的同一個東西，那就是我們的修道心，以道力而使心得清淨，便是國土清淨，心繫於修行的法門，此心便是道場。不必另覓他方佛土，不必另找清淨道場。相反地，心若不清淨，佛國對你何用？心不繫於法，道場又有何益？

(2)《觀無量壽經》第八種觀行法的「佛想觀」條下說：「諸佛如來是法界身，遍入一切眾生心想中，是故汝等心想佛時，是心即是三十二相八十隨形好，是心作佛，是心是佛，諸佛正遍知海，從心想生。」[35]

心想佛時，當下的那個心，即與佛同。這也是修證經驗中所見的自心佛，眾生居穢土，佛必居淨土，不論客觀世界的凡夫眾生如何看待這個世界，佛看世界是本來清淨的。此種經驗，若在佛果位上，當然永遠不變，若眾生從修三學而得者，很可能會變。若能念念修行，念念想佛，便能念念住於淨土，只要一念妄想起，那一念便回到了穢土。

(3)《楞嚴經》卷五〈大勢至菩薩念佛圓通章〉云：「若眾生心，憶佛念佛，現前當來，必定見佛，去佛不遠。不假方便，自得心開。……我本因地，以念佛心，入無生忍。今於此界，攝念佛人，歸於淨土。佛問圓通，我無選擇。都攝六根，淨念相繼。得三摩地，斯為第一。」[36]

以念繫佛，時時憶佛，和《觀無量壽經》所說的以「心想佛」，是同一種類的方法。依此方法修行，便可自得「心」地「開」悟，「入無生忍」，「歸於淨土」。修此方法的要領，是在守護「六根」，勿使奔放攀緣，而能「淨念」念念「相繼」之時，心自開而淨土自現。

2. 祖師所說者

(1)禪宗六祖的《六祖壇經》中，兩度引用《維摩經》的淨土道場之說[37]。並謂：「凡愚不了自性，不識身中淨土，願東願西。悟人在處一般。所以佛言：隨所住處恆安樂。」又說：「但行十善，何須更願往生？不斷十惡之心，何佛即來迎請？若悟無生頓法，見西方只在剎那。」「常行十善，天堂便至。」「但心清淨，即是自性西方。」[38]

(2)華嚴宗四祖澄觀的〈答皇太子問心要〉云：「心心作佛，無一心而非佛心；處處成道，無一塵而非佛國。」[39]

(3)天台宗的智顗，於《摩訶止觀》卷五上，則主張：「此三千在一念心。若無心而已，介爾有心，即具三千。」[40]

以上三例之中，前二例所說的「身中淨土」及「佛心」，是指修行成就的「清淨心」，故有「十善是天堂」、「心淨即西方」之說，亦有「心心作佛」、「處處成道」之見。至於天台宗的「一念三千」，乃謂即此現前一念，不論淨穢，均具十法界的性相功德，心與佛相應，當下即是佛，當下即在淨土。

四、淨土從何來

淨土是由諸佛的本願所成，乃是一般的通說。如將淨土的涵義擴大，凡聖同居之處及方便有餘之土，應該是由佛菩薩的願力，加上眾生的業力，共同促成的，即使是佛菩薩為救濟眾生而以願力完成的淨土，也得加上往生彼國的眾生之願力，始克有眾生與佛菩薩共處的淨土顯現。所以，一般以為淨土信仰者依靠他力，實則仍得加上眾生的自力，否則，諸佛菩薩何以無能救度無緣的眾生？所謂無緣者，不是諸佛菩薩不度，乃在眾生沒有求度的心願。不過往生淨土的自力，是與佛菩薩的願力相應者，始得往生，非如自心淨土的修行者，完全靠自心的開發，即當下處所而展現出淨土的境界。自心淨土的出現，力量多出於修證者的個人，然除獨覺之外，亦皆有仰於三寶的開導接引。往生淨土的行者，力量多出於佛的本願，然亦不能沒有求生者自己的心願。因此，我們可以知道，淨土的成立，至少有兩個條件：諸佛的本願和眾生的功德。

（一）來自諸佛本願

所謂本願，是指諸佛在初發無上菩提心時，或在因地修行菩薩道時，一邊見到佛國的清淨莊嚴，同時又體恤到眾生的憂患疾苦，故以夙願，為成熟眾生，願於無量劫，積功累德，建立淨佛國土。現舉數證如下：

1.《阿閦佛國經》卷上有云：「阿閦如來無所著等正覺，昔行菩薩道時，以被是大僧那僧涅，乃作是願。佛言：昔行菩薩道時，若干百千人，不可復計，無央數人，積累德本，於無上正真道，持是積累德本，願作佛道，及淨其佛剎如所願欲嚴其佛剎，即亦具足其願。」[41]

2.《放光般若經》卷十九〈建立品〉云：「須菩提白佛言：世尊！菩薩云何能淨佛土？佛言：菩薩從初發意已來，常淨身口意，並化餘人淨身

口意。……是故菩薩捨眾惡已，自行六波羅蜜，亦勸進人，使行六度。持是功德，與眾生共求佛國淨。」㊷

3.《無量壽經》卷上云：「時世自在王佛告法藏比丘：如所修行莊嚴佛土，汝自當知。比丘白佛：斯義弘深，非我境界，唯願世尊，廣為敷演，諸佛如來淨土之行，我聞此已，當如說修行，成滿所願。」㊸

4.《悲華經》卷二〈大施品〉有云：「菩薩摩訶薩，以本願故，取淨妙國，亦以願故，取不淨土。……是故吾（佛）以本願，處此不淨穢惡世界，成阿耨多羅三藐三菩提。」㊹

5.《大智度論》卷七云：「莊嚴佛世界事大，獨行功德，不能成，故要須願力，譬如牛力雖能挽車，要須御者能有所至，淨世界願，亦復如是，福德如牛，願如御者。」㊺

從上舉的五例看來，佛土是由願力而成，不是僅由於修行的功德而成，修行功德圓滿時，只能成就法身，而處於盡虛空遍法界的寂光淨土。能夠指方立向的，且有特定之莊嚴功德的國土，是為成熟眾生而發之本願所成。修行的功德，僅是能夠成就佛土的牛，本願力，方是指導牛來趣向佛土之完成的牧牛人。其中的「積累德本」、「常淨身口意」、「自行六波羅蜜」、以及「修行莊嚴佛土」、如牛的「福德」等，都是成佛的修持功德，加上「願」心的力量，便能成就指方立向的特定的淨佛國土。所以普賢菩薩的法門，稱為大「行」及大「願」，連稱為「行願」。光有「行」，可以成就法性身土，加上了「願」，才能成就他受用的報土及化土。

（二）眾生功德成就

諸佛的淨土，絕對不像外道的天國，外道以為天國是由一位主宰的大神所完成，神能創造萬物，也創造天國來供那些受神寵愛而被召去的世人居住，所以神是創造主，是無上權威的本身，諸佛的淨土則不然，乃是諸佛與眾生共同的努力所完成，以佛的本願為主導，再以眾生的功德和心願為輔佐，淨土的完成始有可能。若僅有佛土而不培養求生佛土的眾生，那個佛國，若非寂光土，便無意義可言。故在《阿閦佛國經》卷上說有「若干百千人，不可復計，無央數人，積累德本。」《放光般若經》卷十九說菩薩「並化餘人淨身口意」，「亦勸進人，使行六度」。這些都說明了諸佛在因地時，為了成立淨土，先要培養教化預備生其淨土的眾生，做為他們在淨土中的教化對象。他們有群眾的嚮往、擁戴、皈信，方能完滿成就其淨土的莊嚴。另外可舉兩證如下：

1.《維摩經．佛國品》云：「眾生之類是菩薩佛土。所以者何？菩薩隨所化眾生而取佛土，隨所調伏眾生而取佛土，隨諸眾生應以何國入佛智慧而取佛土，隨諸眾生應以何國起菩薩根而取佛土。所以者何？菩薩取於淨國，皆為饒益諸眾生故。」[46]

2.《十住毘婆沙論》卷三〈釋願品之餘〉云：「不淨略說有二種：一以眾生因緣，二以行業因緣。眾生因緣者，眾生過惡故；行業因緣者，諸行過惡故。……轉此二事，則有眾生功德、行業功德，此二功德名為淨土。是淨國土，當知隨諸菩薩本願因緣。」[47]

諸佛在因地行菩薩道時，以何為發願取得未來淨土的標準呢？諸佛的淨土各別，例如方位不同、時代不同、大小不同、延續的時間不同、各種莊嚴不同、所住眾生的根機也不同，為何有如此許多的不同？《維摩經》告訴我們，乃是隨著受其已度、正度、將度的眾生的需要，而取其國土之故。可知，諸佛的本願，雖為完成淨土的主導力，至於淨土的性質和成分，以及其時空關係的決定權，則在於生彼國土的眾生，所有的功德。

五、淨土的比較

佛佛道同，眾生平等，從理上說，不必比較，亦不可能比較。然從事上說，諸佛的淨土，既可指方立向，當然就會由於所居眾生之不同，而有優劣之分。經中的淨土，相互比較以說明其自身所居佛國的情況者，見得較多的有三個淨土。

（一）兜率淨土受比較者

1.《大寶積經》卷十二，〈密迹金剛力士會〉云：密迹金剛力士將來成佛之時，「世界曰普淨，劫曰嚴淨。又彼寂意，普淨世界，神妙豐熾安隱，五穀卒賤，自然無價，眾民滋盛，天人甚多，合以七寶，金銀、琉璃、水精、車𤦲、馬瑙、珊瑚、真珠，以成佛土，城有八交道，平等若掌，其地柔軟，如天綩綖，如兜率天。……其佛國土，無有惡趣三苦之毒，亦無八難不閑之處，所有諸業，如兜率天，被服、飲食、宮殿、園觀、校露、樓閣等無有異。」(48)

2.《海龍王經》卷二云：「往古不可計無央數劫不可思議，彼時有佛，號曰梵首天王如來，……世界曰集異德，劫名淨除。彼時集異德世界，豐盛安隱，五穀自然，快樂無極，天人繁熾。……彼伎樂音，不出婬怒癡欲之音聲也，唯演寂然淡泊法樂歡喜之音。……天人清淨，皆解微妙，志于大乘，少求聲聞緣覺之乘。心有所念，衣食室宇，所欲隨意，悉自然至。天人一等，無有窮厄匱乏者也。衣服飲食，如兜術（兜率）天上。」[49]

3.《大方等大集經》卷十六〈虛空藏菩薩品〉云：「過去無量阿僧祇劫……，有佛出世，號普光明王如來。……世界名曰大雲清淨，劫名虛空淨。是大雲清淨世界，豐足熾盛，安隱快樂，多諸天人。地平如掌，無諸沙礫荊棘。寶繩界道，雜寶莊嚴，軟如天衣。閻浮檀金華，遍布其地，眾寶間錯。世界眾生，無上中下，人天同等，如兜率天。」[50]

兜率天，分有欲樂的及清淨的兩種。欲樂的兜率天，是世人修了五戒十善業，而生的福報天，屬於欲界六天之中向上數起的第四層天。清淨的兜率天，則為最後一生的補處菩薩所居，凡是最後身菩薩來人間成佛之前，皆居兜率天，因為是最後身的菩薩所居，雖在三界之內，卻是淨土，欲樂兜率天的眾生，不得窺其門，生其國土者，皆是誓願親近最後身菩薩的善根深厚眾生，菩薩下來人間成佛時，兜率眾生之有大願心者，亦隨之下生人間，隨佛聞法，助佛弘化。釋迦世尊是從兜率天來，未來的彌勒佛，現居兜率天。世尊在介紹他方三世佛土之時，用兜率天的莊嚴功德做比較說明，乃在吾人對於兜率淨土所知較多之故。

（二）妙樂淨土受比較者

1.《須賴經》云：「我（世尊）般泥曰後，末時須賴終。生東可樂國，阿閦所山方。餘三阿僧祇，行滿大願成，得佛除世邪，安隱度十方，自然為神將，號曰世尊王。始如阿閦佛，所度無有量。」51

同經異譯本云：「我滅度之後，後世法盡時，須賴於行彼，東方之世界，其土名妙樂。……欲度眾生故，彼於是劫後，當成其勝道，號光世音王，土如阿閦佛，如來之世界。」52

2.《文殊師利佛土嚴淨經》卷上云：「是棄惡菩薩，卻後六百二十萬劫，當成為佛，號曰寂化音如來……，世界名安隱，劫名離音，其國比如阿閦如來妙樂世界，功勳嚴淨，等無有異。」53

阿閦佛，譯為不動如來，或無動、無怒、無瞋恚，除了《阿閦佛國經》之外，《道行般若經》卷六及卷九、《首楞嚴三昧經》卷上、《維摩經》卷下等處，也有關於此佛的記載。故對娑婆世界的眾生來說，也是一尊有大因緣的他方世界的現在佛。

用妙樂世界比較他佛淨土，許是為了增加眾生的印象及信心。

（三）極樂世界受比較者

極樂世界之名，對於大乘佛教來說，不論顯、密各系，均極熟稔。經中提到極樂世界者，也不限於淨土的專書。做比較介紹者，可分作兩類：一為與極樂世界相等國土，一為勝於極樂世界之國土。

1. 相等於極樂國土者

(1)《太子刷護經》云：「太子刷護菩薩及長者子……後作佛時，當如阿彌陀佛，其國亦當如阿彌陀時等無異，國中菩薩，往來者飛行者，皆如阿彌陀佛國。」54

（2）《文殊師利佛土嚴淨經》卷上云：「是族姓子，於後來世，竟百千劫，皆當成佛，號曰淨願如來、……國土嚴淨，猶如西方安養之國，功勳嚴淨，等無有異，其壽命等亦無差別。」55

（3）《大涅槃經》卷二十四云：「彼土何故名曰無勝？其土所有嚴麗之事，皆悉平等無有差別，猶如西方安樂世界，亦如東方滿月世界，我（世尊）於彼土出現於世。」56

（4）《大寶積經》卷一〇一〈功德寶花敷菩薩會〉，記述東南方有勝妙莊嚴世界的千雲雷吼聲王如來，西北方有離垢世界的種種勝光明威德王如來，今現在住世。若有淨信善男子善女人，受持彼二佛名號者，未來成佛時，所得國土功德莊嚴，亦如西方極樂世界無異。57

（5）《灌頂經》卷十二云：「此藥師琉璃光如來國土清淨，無五濁、無愛欲、無意垢。以白銀琉璃為地，宮殿樓閣悉用七寶。亦如西方無量壽國，無有異也。」[58]

2. 優勝於極樂國土者

(1)《大乘同性經》卷上：記述毘毘沙那楞伽王，過無量劫數之後，生此娑婆世界，當得成佛，號曰善妙震聲金威善淨光明現功德寶蓋莊嚴頂相毘盧遮那王如來，世界名電寶冠，除諸山阜坑坎，崖坂土石糞穢，無有女身及惡道等，而彼佛剎清淨，勝彼現在阿彌陀如來佛剎。[59]

(2)《觀世音菩薩授記經》云：「有世界名無量德聚安樂示現，其國有佛，號金光師子遊戲如來、……是佛剎土，所有清淨嚴飾之事，今為汝說。於意云何？安樂世界阿彌陀佛國土所有嚴淨之事，寧為多不？……假使有人，分析一毛以為百毛，以一分毛渧大海水。……阿彌陀國莊嚴之事如（一分）毛端水，金光師子遊戲佛國，如大海水。」[60]

三個接受比較的淨土之中，從所見的資料而言，應以極樂莊嚴最為殊勝。然在三個淨土之中，唯有極樂淨土受比較時，竟還有尤勝於極樂淨土的佛國，似乎是貶低了極樂淨土在諸佛國土中的重要性。其實，我們遍讀《大藏經》時，經常發現，幾乎每一部經，均被世尊強調為最好的最殊勝的法門，但其並不表示彼此矛盾，相反地倒能使人接觸到任何一部經時，均可生起無上的敬意，而來如說修行。佛說法的對象有萬類不等，凡是當機之法，便是無上法門。因此，若與彌陀淨土有緣者，不會由於金光師子遊戲佛的國土莊嚴，勝於彌陀淨土而改變信仰，何況彌陀淨土的特勝之處，不僅在於莊嚴，乃更在於四十八願及九品往生的涵蓋所至，廣大無極，凡是有一線信心者，縱然造了五逆十惡的人，也是阿彌陀佛的慈悲攝受之輩。

六、淨土的分類

在本文的前言中，已經提到，淨土既是五乘共法，必定有其層次的類別。淨土一詞，除了自心世界的淨土遍及十法界之外，應該包羅人間、天國、二乘、佛乘的範圍。現就資料所及，將淨土分類介紹如下：

（一）人間淨土

在淨土的層次之中，人間淨土最為脆弱，但卻是最為親切和基礎的起點。佛在人間成佛，至少釋迦是如此，將來的彌勒佛也會是如此。所以佛法的終極雖是究竟的淨土，人間成佛的釋迦佛，工作的重心乃在人間，而且處處強調，六道之中，唯人是修道之正器。生了天享受福報太忙，無暇修行；入了三塗所受苦報太重，或者冥頑不靈，不知修道；乃至證了二乘聖果者，由於厭離心重，以致灰身滅智，而與菩薩道絕緣；生在人間，苦樂相間，故正適合修行。所以佛陀對於獲得了人身的眾生，曾給予極大的讚美、鼓勵，而勸人珍視此一人身。例如：1.《大涅槃經》卷二有云：「生世為人難，值佛世亦難，猶如大海中，盲龜遇浮孔。」[61] 2.《稱揚諸佛功德經》有云：「一切世界，設滿中水，水上有板，而板有孔，有一盲龜，於百歲中，乃一舉頭，欲值於孔，斯亦甚難。求索人身，甚難甚難。」62

這兩段經證，證明佛法極重視人身本位的修行，人身難得，佛法難遇。正因為人身難得，便應好好地運用短促的身命，好好地修行。

人間淨土的完成，即是使用此一短暫的色身，修行善法，解脫生死，故有「此身不向今生度，更向何生度此身」之句，若能人人珍視人身的獲得，並及時努力，修行善法，人間淨土，便會在此世界出現。人間淨土，可分作兩個時期：1.釋迦佛化世時期；2.彌勒佛降生時期。

1. 釋迦佛化世時期

此一時期，乃是指的自從世尊成道以後迄彌勒降生之前的階段，均以世尊所說的佛法，化導世間，使得人間逐步淨化，淨化人間的方法，便是十善法，又名十善業道。修此十善法，能獲現世利益，能致後世福報，現世淨化身心，後世人天果報，乃至成無上菩提。正如《十善業道經》云：

「言善法者，謂人天身，聲聞菩提、獨覺菩提、無上菩提，皆依此法以為根本，而得成就，故名善法。此法即是十善業道。」[63]

根據《十善業道經》所說，修十善法者能致現世的利益如下[64]：

(1)離殺生者：永斷一切瞋恚習氣，身常無病，壽命長遠，恆為非人之所守護，常無惡夢，寢覺快樂，滅除怨結，眾怨自解。

(2)離偷盜者：資財盈積，多人愛念，人不欺負，十方讚美，不憂損害，善名流布，處眾無畏，財命色力安樂，辯才具足。

(3)離邪行者：諸根（肉體）調順（健康），永離喧掉（喧譁放逸），世所稱歎，妻莫能侵。

(4)離妄語者：口常清香，世人信伏，發言成證，受人敬愛，言無誤失，心常歡喜。

(5)離兩舌者：得不壞身，得不壞眷屬，得不壞信，得不壞法行，得不壞善知識。

(6)離惡口者：言不乖度，言皆利益，言必契理，言詞美妙，言可承領，言則信用，言無可譏，言盡愛樂。

(7)離綺語者：為智人所愛，定能以智如實答問，定於人天威德最勝。

(8)離貪欲者：三業自在，諸根具足故；財物自在，一切怨賊不能奪故；福德自在，隨心所欲，物皆備故。

(9)離瞋恚者：無損惱心，無瞋恚心，無諍訟心，得柔和質直心，得聖者慈心，常做利益安眾生心，身相端嚴，眾共尊敬。

(10)離邪見者：得真善意樂，深信因果，寧殞身命終不作惡，直心正見，永離一切吉凶疑網，永離邪道，行於聖道，不起身見，捨諸惡業，住無礙見，不墮諸難。

十善法，從表面看僅是消極地不作惡，從其所得的利益看，實是積極地去行善。所以十善法修得好，必定進而去修布施等六度與四攝。如果人人都是仁慈、富足，人人都能守身如玉，守口如瓶，守心自在，這豈不就是無病苦、無貧窮、無鬥爭、無怖畏、無怨尤、無憂患的人間淨土了嗎？

2.彌勒佛降生時期

根據《彌勒下生成佛經》❻❺的記述，當彌勒佛下生成佛時，我們這個世界，地平如鏡，名花柔草遍覆大地，種種樹木，華果茂盛，城邑次比，雞飛相及。那時人類的壽命長達八萬四千歲，智慧、威德、色力具足。女子到了五百歲時，方出嫁結婚。那時的人類，只有三種病患：1.大小便利，2.日常飲食，3.壽終衰老。此外別無苦難。那時的人，皆係福德之輩，所以豐樂安隱，建築物皆以七寶構成，亦以七寶珠玉嚴飾。街道虛潤清淨，有大力龍王，常於半夜，降微細雨蓋塵埃，使其地潤澤如塗油，行人來往無纖塵染身。街巷處處有高大明珠柱，光明照耀，夜如白晝。若有便利不淨，地自然裂開，受已還合。人於命將終時，自然行至塚間，平安死去。那時沒有怨賊竊盜之患，城邑聚落，夜不閉戶。亦無火水刀兵及諸饑饉毒害之難。諸園七寶浴池，盛滿八功德水，水中遍布各色蓮華。諸妙音鳥，常在其中，不可稱數。果樹香樹，充滿國中。由於風調雨順，氣候宜人，所以稼穀茂盛，不生雜穢之草，一種七穫，施工甚少而收成豐富，食之營養充足而體力康壯。那時的人類，心平、意同，語言統一，喜言慰語，相見歡悅，如北俱盧洲。那時有轉輪聖王出現世間，以善法統治，此閻浮提地，不用兵器，諸國自然欣伏。《彌勒經》中，未曾言及那時的男女之事，而說「如彼鬱單越（北洲）人」。若依《大樓炭經》卷一所說66，北洲之人，男女各異處，男女欲心起時，便彼此相視隨行，共相娛樂。女子懷孕，七日、八日便生，生後將嬰兒置於公共之處，眾人餵養。七天之後，即成長如此間二十或二十五歲的青年。

其實，若依照此種標準，以人類的不斷努力，對於物質環境及社會制度的改善改良，在未來不久的時代中，當可實現。唯有天災水火刀兵之難，人心險惡之患，能否消弭，則尚待諸十善法的推廣實施，方能扭轉由惡業而感得惡報的命運。不過現距彌勒降世，尚有相當長的時間過程，釋迦佛既已預見其出現，我們也應當深信其必將出現。

（二）天國淨土

天國，是指人間以上的眾生所居之處。從佛教的分類而言，天國分有欲界天、色界天、無色界天的三大層次，各界又各有不同的層次，通常是說欲界六天、色界十八天、無色界四天，共計二十八個層次。欲界天是因修五戒十善而生的福報欲樂天，色界天是修禪觀成功而生的禪定天，無色界天亦係修禪定者所生，唯其深細，已超越了意識感受的境界。三界本是未解脫生死輪迴的凡夫所居，卻有方便大、小乘聖者，做更進一步完成最後歷程的轉換息腳之處，那就是：1.色界有五淨居天，不是因禪定力生，乃是小乘的三果聖者，死後所生之所，在此修成阿羅漢果，即出三界；生於五淨居天者，雖未出三界，但已決定不再還至輪迴生死界中，故又稱之為五不還天。2.欲界有最後身菩薩必居的兜率天，雖在欲界範圍，卻是清淨天國，而非欲樂天國。色界以上者屬於自心世界的領域，本文不做深論。今要介紹者是欲界的欲樂天國及清淨天國。

1. 欲樂天國

欲界的天國有六個層次，從人間的地面往上數，它們是：四王天、忉利天、焰摩天、兜率天、化樂天、他化自在天。欲樂天國的物質環境，較諸人間，輕微、美妙、精細，也都以七寶、美音鳥、宮觀、園林、花果、音樂、歌舞、飲食、衣服等，做為享受的資具，其壽命逐層向上，愈高者愈長壽。男女欲事，則四王天及忉利天與人類同，身身交會成陰陽，焰摩天以身相近，兜率天相互執手，化樂天彼此熟視，他化自在天男女暫視，以為陰陽。唯其壽命雖長，亦有中夭者。天國雖安樂，亦有阿修羅來與之戰鬥者。天福享盡，五衰相現，命終之後，仍不免要還墮三途者。所以欲樂天國，不是真正安穩的歸宿處。

2. 清淨天國

清淨天國，即是最後身補處菩薩所居的兜率淨土，依照《觀彌勒菩薩上生兜率天經》[67]所見，當彌勒菩薩生到兜率天時，即有五百萬億天子，以天福力，造作宮殿，各各脫下自己的栴檀摩尼寶冠，以此寶冠，化作五百萬億寶宮，宮有七寶所成的七垣，各寶皆出五百億光明，每一光明中有五百億蓮華，每一蓮華化作五百億七寶行樹，每一片樹葉有五百億寶色，每一寶色又各有五百億閻浮檀金光，每一金光中出五百億諸天寶女，每一寶女各各立於樹下，各各手執百億寶及無數瓔珞而出微妙音樂，音樂之中，皆在演說不退轉地的法輪之行。寶樹生果，果色生光，光中流出眾音妙樂，皆在演說大慈大悲之法。五百億的七寶行樹，莊嚴著垣墻，受自然的微風吹動，樹樹相互振觸，所出音樂，亦係演說苦、空、無我、無常及諸波羅蜜。

有一大神，名為牢度跋提，發願為彌勒菩薩建造善法堂，他的額上即出五百億寶珠，珠光迴旋空中，化為四十九重微妙寶宮。諸欄楯間，自然化生九億天子，五百億天女，奏諸微妙音樂，演說十善法及〈四弘誓願〉。諸天聞者，皆發無上菩提之心。

兜率天的諸園之中，皆有八色河流，每一河流皆用五百億寶珠築成，各河渠中有八味之水，水由四朵寶華中流出，每一華上有二十四位天女，身相微妙，猶如菩薩莊嚴，手中化出五百億寶器，器中盛滿了諸天甘露，而其左肩荷無量瓔珞，右肩荷無量樂器，如雲升空般地從水中湧出，所發音聲，皆在讚歎菩薩六波羅蜜。

若有眾生發願往生兜率天者，自然得此二十四位天女相侍，亦有七寶所成的大師子座，供給坐臥。也會得到十方梵王及諸小梵王各持梵天諸寶，前來供養，各天的天子天女，亦各持寶華，布於座上，諸華自然皆出五百億寶女，妙色無比，手執樂器，所奏音樂，皆係演說苦、空、無常、無我及諸波羅蜜。

兜率天上，雖有無量無數的天子天女，但無男女淫欲之事，往生彼天的眾生，皆是蓮華化生，所以有別於欲界第四層次的兜率天。雖其壽量亦同於欲界第四天，為四千歲，但其卻有欲樂與清淨的不同。因此註經家們把欲樂的兜率天稱為外院，而把清淨的兜率天稱為內院。

（三）佛國淨土

佛國淨土的數量，應與諸佛的數量相等，甚至由於一個佛而有不同的幾個淨土者，那就應該說佛國淨土之數，遠超十方三世諸佛之數。可是我們從三藏資料之中，雖見有許多佛及佛土之名，而對於特定的佛土有較為詳細的介紹者，乃寥寥可數。現在例舉三個佛土如下：

1. 東方藥師佛的琉璃光淨土

關於藥師佛的經典及儀軌，雖然不少，述及琉璃光淨土的經典更多，但對琉璃光淨土的詳細介紹則未見之。從《藥師琉璃光如來本願功德經》所見，僅僅如下的數語：「彼佛土，一向清淨，無有女人，亦無惡趣及苦音聲。琉璃為地，金繩界道，城闕宮閣，軒窗羅網，皆七寶成，亦如西方極樂世界，功德莊嚴，等無差別。」[68]

也許由於釋迦世尊，首先已介紹過阿彌陀佛的極樂世界，既然藥師佛的琉璃光淨土，所有的功德莊嚴均與極樂世界等無差別，也就不必另加說明了。

2. 東方阿閦佛的妙樂世界

依據《阿閦佛國經》卷上〈善快品〉的敘述69，當阿閦佛成佛之時，三千大千世界所有人民及諸欲天，皆捨穢濁思想，身心安穩，亦無疲倦。阿閦佛的菩提樹，皆以七寶做成，枝葉下垂，欄楯圍繞。阿閦佛國，無三惡道，一切人民皆行善法，其地平正，所生樹木，無有高下，沒有山陵溪谷，行走於世，踏之柔軟下陷，舉足還復如故。其國人民，無有風、寒、氣等三病，亦無惡色醜陋者，無有牢獄，淫怒癡心微薄，無有邪見異道。國中有樹，花果常有，供給衣服，殊妙而不褪色，香美等如天華。天廚供飲食，無有斷絕時，隨念自現前。其國浴池中，常盈八味水。其國女人德，凡女所不及，亦勝輪王的女寶百倍千倍乃至億倍。阿閦佛國之人民，不須為了生活而忙，故無耕作，亦無販賣。其國雖有女人，卻不著於愛欲淫佚，由於因緣而自然愛樂。彼國女人，無有惡舌、嫉妒，妊身之時以及產時，身不疲倦，意念不倦，亦無有諸苦及臭處惡露。

其國風吹梯陛樹時，便作慈悲音聲，雖極妙五音，不及阿閦佛國的風吹梯陛樹木音聲。

從如上所見於《阿閦佛國經》的敘述，妙樂世界的物質建設，已超過人間淨土。在精神建設方面則眾生尚有微薄的貪欲、瞋恚、愚癡，雖不著於愛欲淫佚，仍有自然愛樂而有女人的懷孕生產，比諸兜率淨土的已無男女欲事，皆係蓮華化生者，尚嫌不足。

3. 西方阿彌陀佛的極樂世界

在所有十方三世一切諸佛的淨土之中，被介紹得最多的，資料最豐富的，乃是極樂世界。例如《阿彌陀經》等共六十餘種經典，皆介紹了極樂世界。由於資料龐雜，異見亦不少。比如對於極樂世界究屬於法、報、化三土之中的哪一類，可謂眾說紛紜。《大乘同性經》、《摩訶俱絺羅經》、《悲華經》、《楞伽經》、《華嚴經．壽命品》、《佛地經》卷一等，均說極樂世界是報土。《鼓音聲王經》等，說是變化土。《大智度論》等說是通於報、化二土。中國的慧遠、智顗、吉藏等諸師，依據《觀無量壽經》及《觀世音菩薩授記經》等，說極樂世界是應化土。迦才的《淨土論》則做調和之說，以為初地以上菩薩正體智所見者是法身淨土，加行智所見者是報身淨土，地前菩薩及二乘凡夫所見者，即是化身淨土。又關於極樂國土中有無二乘人的問題，亦有異說異見。例如《大阿彌陀經》、《無量壽經》、《大智度論》卷三十四、《十住毘婆沙論》卷五等，均說彼土有聲聞眾。《悲華經》卷三、《大乘悲分陀利經》卷三、《如來智印經》、《往生論》等，則說彼國無二乘，純係菩薩所居土。中國的慧遠、曇鸞、智顗、吉藏、善導等諸師，皆有會通此矛盾的意見。

現依《無量壽經》卷上所見者[70]，介紹極樂世界的依正莊嚴。

> 其佛國土，自然以七寶合成，面積恢廓廣大，不可極限，光明輝耀，微妙奇麗，清淨莊嚴，超踰十方一切世界。無有三惡道，亦無四季變化，

時常不寒不熱，調和舒適。

彼佛威神光明第一，眾生遇此光者，三垢消滅，身意柔軟，歡喜善心，自然而生。彼佛壽命長久，不可稱計，其土聲聞、菩薩、天人等眾的壽命，亦如彼佛。其土的聲聞、菩薩，數亦不可稱說，無不神通智慧，威力自在。

彼國七寶諸樹，遍滿世界，行行相值，莖莖相望，枝枝相準，葉葉相向，華華相順，實實相當，榮色光耀，清風吹動，出五音聲，微妙宮商，自然相和。

其道場樹，眾寶合成，周匝條間，垂寶瓔珞，百千萬色，變異無窮，無量光炎，照耀無極，出妙法音，普聞十方一切國土，聞其音者，得深法忍，睹其色者，觸其光者，知其香者，嘗其味者，一切皆得甚深法忍，住不退轉，至成佛道。六根清淨，無諸煩惱。

彼國殿堂宮觀，皆七寶成，復以真珠、明月摩尼眾寶以為覆蓋。其殿堂內外左右，有諸七寶浴池，八功德水，充盈其中，清淨香潔，味如甘露。池上有栴檀樹，華葉垂布，香氣普熏，各色蓮華，出於水上。波揚無量自然微妙音聲，所謂三寶聲、無我聲、寂靜聲、大慈悲聲、波羅蜜聲、十力、四無畏、十八不共法聲。

若欲食時，七寶應量器自然現前，百味飲食自然盈滿，雖有諸妙飲食，實無食者，但見色聞香，意以為食，自然飽足，身心柔軟，無所味著，事畢化去，時至復現。

又從《無量壽經》卷上、《平等覺經》卷一、《大阿彌陀經》卷一等所述，西方極樂世界沒有女人，女人往生彼國，即成男身。如《觀世音菩薩授記經》云：「彼佛國土，尚無女名，何況有實，其國眾生，淨修梵行，純一化生，禪悅為食。」71

由以上介紹看來，阿閦佛國人民，雖不著愛欲，仍有女人及欲事。彌勒淨土雖有女人，已無愛欲及欲事。阿彌陀佛的極樂世界，既無欲事，更無女人，又且往生彼國的眾生，皆能住不退位，以至最後成佛，此為其他佛國之所不及。不過，如前所說，由於有關彌陀淨土的資料龐雜，異見亦不少。又如《無量壽經》說，若欲食時，百味飲食自然現前，「見色聞香，意以為食」。可是《觀世音菩薩授記經》又說，彼國眾生，是以「禪悅為食」的。禪悅為食是定中食，意以為食是散心食，凡此不同的記述，已有歷代諸師，設想將之會通，成為各家之說，也為學者增加了研究深思的機會。

七、如何生淨土

諸佛的淨土之建立，既非為了諸佛自己，而是為成就眾生的道業，故必勸誘眾生往生諸佛的國土。至於如何往生佛國？在各有關的淨土諸經之中，具有代表性的說明者，試舉四例如下：

（一）彌勒淨土

此處所指，是彌勒的兜率天淨土，不是彌勒佛下生時的人間淨土，此在淨土法門之中，僅次於彌陀淨土而受到許多人的嚮往，故在本條下，先介紹如何往生兜率淨土，再介紹哪一些人求生了兜率淨土？

1. 往生兜率天的條件

依據沮渠京聲譯《觀彌勒菩薩上生兜率天經》所述❼❷，求生兜率天者，是在釋迦世尊滅度之後，諸信佛弟子，若有精勤修諸功德，威儀不缺，承事佛塔，供養香花，行眾三昧，深入正受，讀誦經典者，應當至心，念佛形像，稱彌勒名，雖不斷煩惱，不得六通，若一念頃，受清淨八關戒齋，修諸淨業，發弘誓願，命終之後，便如壯士展臂之間，即得往生兜率天上，於蓮華上，結跏趺坐，有百千天子圍繞，作眾伎樂，散諸妙華，並且讚云：「善哉善哉，善男子，汝於閻浮提廣修福業，來生此處，此處名兜率陀天，今此天主，名曰彌勒，汝當皈依。」此人應聲即禮彌勒，禮已諦觀彌勒眉間白毫相光，即得超越九十億劫生死之罪。菩薩隨其宿緣，為說妙法，令其堅固，不退轉於無上道心。

若有眾生，清淨諸業，行六事法，必定無疑，當得生於兜率天上，隨遇彌勒，亦當隨從彌勒，下生人間聞法，於未來世，亦得值遇賢劫及星宿劫一切諸佛，受菩提記。由此可知，求生彌勒的兜率淨土，不必斷盡煩惱，獲得六通，但能修十善法，行六度行，供養承事，憶念佛像，稱誦彌勒聖號，持戒守齋；讀誦經典而發弘願者，必可往生。乃係帶業往生彼國之後，親見菩薩，皈依而觀其白毫相光，消除九十億劫生死之罪。聞說妙法，得不退轉。

從方便的角度而言，彌勒淨土似乎尚無彌陀淨土之殊勝而有多門。因為此一彌勒淨土之往生，是間乎難行道及易行道之中，也更強調以眾生的自力修行來達成往生的目的。不過也有優勝於彌陀淨土的法門者，凡生兜率淨土者，即時蓮華化生，即時聞法消業，位證不退。不像彌陀淨土尚有邊地胎生者，佛國五百歲，常不見佛聞法；下品下生者，十二大劫後，蓮華方開。

2. 求生兜率天的實例

此在印度及中國的史料之中，均有不少例子的記載，現在舉其數例如下：

(1)印度人之求生兜率天的實例：

a. 巴利文系的《大史》云，西元前二世紀頃，有錫蘭的達塔迦摩尼王（duṭṭhagāmaṇī），死生兜率。

b. 《出三藏記集》卷十，有婆須蜜生兜率，繼彌勒後作佛的記述。又說彌妬路刀利及僧伽羅剎，亦生兜率。

c. 《世親傳》所記，無著菩薩屢往兜率。

d. 《大唐西域記》卷五，有說無著、世親，與師子覺相約，同生兜率。

e.《大唐大慈恩寺三藏法師傳》卷二說天軍（提婆犀那），常往來於睹史多天（兜率天）。

(2)中國人之求生兜率天的實例：

a.《高僧傳》卷五及《名僧傳抄》的「道安傳」說，道安嘗與其弟子法遇等八人，於彌勒像前立誓，願生兜率。《高僧傳》的「僧輔傳」、「曇戒傳」，也說僧輔等人，繼承其師道安之跡，皆願求生兜率。

b.《名僧傳抄》「道汪傳」，記述蜀人常元祖死後，其友人夢見他說：「我從汪法師受菩薩戒，今得生兜率天。」同傳的「僧印傳」、「法盛傳」，亦說與師友等多人求生兜率。

c.《續高僧傳》卷八的「法上傳」說，他與弟子淨影寺的慧遠及僧休等，亦願往生兜率天。（編案：「法上傳」未見關於慧遠及僧休之記載）

d.《續高僧傳》卷十二及《法苑珠林》卷十六的「靈幹傳」，說他於隋文帝開皇十七年（西元五九七年）遇疾悶絕，至兜率天，見到慧遠及僧休等已在那裡。

e.《續高僧傳》卷四「玄奘傳」及《大唐大慈恩寺三藏法師傳》卷十，均說玄奘於危篤之時，默念彌勒，並說偈而教傍人唱誦「南謨彌勒如來應正等覺，願與含識速奉慈顏，南謨彌勒如來所居內眾，願捨命已，必生其中。」[73]

f.《宋高僧傳》卷四，「窺基傳」有云：生平勇進，造彌勒像，願生兜率。嗣後法相宗的諸師，均願往生兜率天。

g.《宋高僧傳》卷十四的「道宣傳」，亦云宣公當生覩史天宮（兜率天）。

h.近代中國的太虛、虛雲、慈航等諸師，亦均求生兜率天宮，親近彌勒菩薩。

若以時間計算，加上個人的修持而有了相當強的自信心者，求生彌勒淨土，是比較妥當而切乎實際的。如果戒、定、慧的三學之力微薄，仍能深信得以往生彌勒淨土者，恐怕較為困難。正因如此，古來求生彌勒淨土的兜率天宮者，均非泛泛之輩。

（二）藥師淨土

藥師琉璃光如來，的確有其國土，但是要從藥師經典之中發現勸人求生彼國者，頗為不易。《藥師如來本願經》中所見彼佛所發諸願，乃為人間眾生的災橫、病難、疾苦，而做種種的大解救，未曾說到把眾生接引往生琉璃光土。唯於其十二大願的第一願中，說到在其成佛之時，生其國土的眾生，皆如藥師如來自身無異，身光照耀無量無邊世界，三十二相，八十種好，以為莊嚴。這似乎是說，若有眾生，生彼國土者，必須已有如此福德成就。不像其他佛土，凡夫、二乘亦得往生。因此，《藥師如來本願經》中倒是鼓勵眾生往生西方淨土，而云：「此諸四眾，比丘、比丘尼、優婆塞、優婆私，及餘信心善男子善女人等，受八分齋，或復一年，或復三月，受持諸戒，以此善根，隨所喜樂，隨所願求，若欲往生西方極樂世界阿彌陀如來所者，由得聞彼世尊藥師琉璃光如來名號故，於命終時，有八菩薩，乘空而來，示其道徑，即於彼界，種種異色波頭摩華中，自然化生。」74

因為《藥師如來本願經》中，未見一定的求生彼國之法，所以略備一格。藥師如來之受普遍崇信，在乎追求現世安樂，已如前述。

（三）阿閦淨土

阿閦佛國，在不少的經典中受到世尊的介紹，只由於經中所述彼土的條件，尚有女人及生育之事，雖然其國眾生不著淫佚，女人之法超勝輪王的女寶，終究仍有男女事。且在煩惱的問題亦僅「淫怒癡薄」，雖亦保證生彼國者，可得不退轉位，直至成佛。

然在成就眾生的方便上，不及極樂淨土的涵蓋之廣，在離欲的清淨程度上，又不及兜率淨土的設施之純，所以歷史上甚少見到有人發願往生彼國。倒是由於彼國有清淨美貌的玉女，引起存有邪思者的發願往生彼國75。不過《阿閦佛國經》卷下，也很明確地介紹了如何求生彼國的方法。

1.「菩薩摩訶薩，當學阿閦佛昔求菩薩道時行，當發如是意願：『令我生阿閦佛剎』。……菩薩行布施度無極……、戒度無極……、忍辱度無極……、精進度無極……、一心度無極……、智慧度無極，持願無上正真道，得在阿閦佛邊。菩薩摩訶薩用是故，得生彼佛剎。」⑯

2.「若有善男子善女人，諷誦阿閦佛德號法經，聞已即持諷誦，願生阿閦佛剎者，臨壽終時，阿閦佛即念其人。……不復轉會，當得所願及無上正真道。若有他異因緣，無能嬈害者，如是火、刀、毒、水，是亦不行。若復有擿捶者，是亦不向。亦不畏人非人。其人如是等見護，便生阿閦佛剎。」⑰

如上的介紹，可知求生阿閦佛國的方法，乃是發願、修六度、諷誦《阿閦佛國經》，持誦阿閦佛聖號，而願往生彼國者，臨終必得彼佛護念，生其國土，得不退轉，成無上道。

（四）彌陀淨土

有關如何求生彌陀淨土的資料很多。今僅就常見、常用的三部聖典中所述者，分別介紹如下：

1.《阿彌陀經》所說

《阿彌陀經》有云：「不可以少善根、（少）福德因緣，得生彼國。」又云：「若有善男子善女人，聞說阿彌陀佛，執持名號，若一日、若二日、若三日、若四日、若五日、若六日、若七日，一心不亂。其人臨命終時，阿彌陀佛與諸聖眾，現在其前。是人終時，心不顛倒，即得往生阿彌陀佛極樂國土。」[78]

根據此一要求，往生彌陀淨土，當非易事，必得具有多善根、多福德、持名念佛，念至一心不亂，到了命終之際，必得心不顛倒，方得往生彼國。此與求生兜率淨土的條件，幾乎類似，亦即非常強調戒、定、慧三學的自力修持，因其「善根福德」屬於戒，「一心不亂」屬於「定」，「心不顛倒」屬於「慧」也。

2.《無量壽經》卷下所說

本經將往生極樂世界的條件，分作蓮華化生及邊地胎生的兩類。

(1)蓮華化生者：

a.「其有眾生，生彼國者，皆悉住於正定之聚。……十方恆沙諸佛如來，皆共讚歎無量壽佛威神功德不可思議。諸有眾生，聞其名號，信心歡喜，乃至一念至心迴向，願生彼國，即得往生，住不退轉，唯除五逆，誹謗正法。」[79]

b.又說十方世界的諸天及人，若有至心，願生彼國者，凡有三等，稱為三輩：

(a)上輩者：「捨家棄欲而作沙門，發菩提心，一向專念無量壽佛，修諸功德，願生彼國。此等眾生臨壽終時，無量壽佛與諸大眾現其人前，即隨彼佛，往生其國，便於七寶華中自然化生，住不退轉。」80

(b)中輩者：「雖不能行作沙門大修功德，當發無上菩提之心，一向專念無量壽佛，多少修善，奉持齋戒，起立塔像，飯食沙門，懸繒然燈，散華燒香，以此迴向，願生彼國。其人臨終，無量壽佛化現其身，光明相好具如真佛，與諸大眾現其人前，即隨化佛往生其國，住不退轉，功德智慧，次如上輩者也。」81

(c)下輩者：「其有至心欲生彼國，假使不能作諸功德，當發無上菩提之心，一向專意，乃至十念，念無量壽佛，願生其國。若聞深法，歡喜信樂，不生疑惑，乃至一念，念於彼佛，以至誠心，願生其國。此人臨終，夢見彼佛，亦得往生，功德智慧，次如中輩者也。」82

以上所舉，說明願生西方彌陀淨土者，有四個原則：1.要有信心、願心、至誠心、迴向心、菩提心。2.聞佛名號、一心專念、十念乃至一念，念彼阿彌陀佛。3.若犯五逆者，誹謗正法者，雖願往生彼國，亦不得往生彼國。4.若能出家，修諸功德，而求願往生者，臨終佛自來臨；若是在家修善法、持齋戒、飯僧、造塔像、燃燈、散花、燒香，而求願往生者，臨終化佛來臨；不能做諸功德，但能信樂深法，不生疑心，而求願往生者，臨終夢見彼佛，亦得往生。

(2)邊地胎生者：

此所謂邊地，不是人間的偏遠之地，係指不能立即花開而見佛聞法的西方極樂世界眾生，住於大宮殿中，於西方的時間五百歲，在宮殿中，不見佛的世界，如處母胎，不見母胎之外的事物，故稱胎生。舉其經文的記述如下：

《無量壽經》卷下云：「若有眾生，以疑惑心，修諸功德，願生彼國。不了佛智、不思議智、不可稱智、大乘廣智、無等無倫最上勝智，於此諸智，疑惑不信。然猶信罪福，修習善本，願生其國。此諸眾生，生彼宮殿，壽五百歲，常不見佛，不聞經法，不見菩薩、聲聞聖眾，是故於彼國土，謂之胎生。」又說：「其胎生者，所處宮殿，或百由旬，或五百由旬，各於其中，受諸快樂，如忉利天。」[83]

此一胎生的救拔，補助了少智者無力信樂深法的不足，雖其智力不足以信樂深法，但仍信罪福因果，修習十善而願生彼國者，亦為彌陀的願力所被。雖在被度之後，仍不見佛，然其隨著所修善本的功德多少，所感得的胎宮也有大小，唯其最小的也有百由旬，大至五百由旬。住在此等宮殿之中，所受快樂之勝，猶如忉利天宮。

《無量壽經》對於往生淨土者，給予不同的層次等級，所被眾生的對象，遠比《阿彌陀經》的要求，寬大得多。使得彌陀淨土的救濟，變為普遍廣大。

3.《觀無量壽經》所說

本經又稱為《十六觀經》，既稱《觀經》，可知是講述觀想方法的經典，前十三觀，是觀想極樂世界的依正莊嚴相，後面三觀，則為說明上、中、下三等共九品的往生條件。依正莊嚴相的觀想法，通於一般的禪觀方法，所不同者，使用本經的觀法，雖也能夠達到自心淨土的定、慧境界，例如本經說到：「教韋提希及未來世一切眾生，觀於西方極樂世界，以佛力故，當得見彼清淨國土，如執明鏡，自見面像。見彼國土，極妙樂事，心歡喜故，應時即得無生法忍。」[84]而其目標則為往生極樂世界。

本經的主旨，是在教人如何求生西方淨土，其步驟分作三點進行：1.當修三福，2.當修十六種觀想方法，3.最後三觀實則是在介紹九品往生。本文不論其觀想方法，故僅介紹其三福及九品如下：

(1)欲生彼國，當修三福[85]：

a.孝養父母，奉事師長，慈心不殺，修十善業。

b.受持三皈，具足眾戒，不犯威儀。

c.發菩提心，深信因果，讀誦大乘，勸進行者。

此三福，實即是一切修行法門的基礎，重點在於「戒」的精神，其次的讀誦大乘乃為發「慧」，再次的修行觀法，即是禪「定」的流類。唯有述及九品往生，則逐漸加強了依仗佛陀願力，而得生彼國的色彩。

(2)凡生西方，有九品人[86]：

a.上品上生者：若有人，修三福，並具至誠心、深心、迴向發願心者。一日乃至七日，必得往生彼國，生彼國時，見阿彌陀佛與觀音、勢至，無數化佛、百千比丘、聲聞、無量諸天，至行者前，放光授手，讚歎行者，行者見已，歡喜踴躍，身乘金剛台，隨彼佛後，如彈指頃，往生彼國，聞演妙法，悟無生忍，經須臾間歷十方無量諸佛，次第受記，還至極樂國，得無量百千陀羅尼門。

b.上品中生者：不必受持讀誦大乘方等經典及善解義趣，但能於第一義諦，心不驚動，且能深信因果，不謗大乘，以此功德，迴向發願求生彼國，臨終之時，見阿彌陀佛與觀音、勢至及無量大眾圍繞，持紫金台，行者如一念頃，即生彼國，七寶池中。紫金台如大寶華，經一宿即開，行者身作紫磨金色，足下亦有七寶蓮華。普聞眾聲，純說甚深第一義法，即下金台，禮拜讚歎世尊，經七日，即於無上菩提，得不退轉，經一小劫，得無生法忍。

c.上品下生者：亦信因果，不謗大乘，但發無上道心。以此功德，迴向願生極樂世界。彼行者命終之時，見阿彌陀佛及觀音、勢至，與諸眷屬，手持金蓮華，化作五百化佛，來迎此人。此人坐金蓮華已，華便自合，隨世尊後，往生彼國七寶池中，經一日一夜，蓮華乃開，七日之中，乃得見佛，三七日後，乃能了了，聞眾音演妙法，經三小劫，得百法明門，住歡喜地，初入聖境。

d.中品上生者：若有受持五戒、八戒，及諸戒行，不造五逆等眾過，以此功德，迴向發願，求生彼國者，臨命終時，見阿彌陀佛與諸比丘眷屬圍繞，放金色光；至其人所，演說苦、空、無常、無我，讚歎出家離苦之法。行者坐蓮華台，為佛作禮，未舉頭頃，即生彼國，蓮華即開，聞眾音聲，讚歎四諦法，應時即得阿羅漢道。

e.中品中生者：若有一日一夜受持八戒齋，或一日一夜受持沙彌戒，或一日一夜受持具足戒，威儀無缺。以此功德迴向願生極樂世界者，命欲終時，見阿彌陀佛與諸眷屬，放金色光，持七寶蓮華來迎行者，並讚此人順三世諸佛教故，得佛來迎，坐蓮華上，往生彼國，在寶池中，經七日蓮華乃開，見佛聞法，得須陀洹，經半劫已，成阿羅漢。

f.中品下生者：若有孝養父母，行世間仁義者，命欲終時，遇善知識，廣為其說阿彌陀佛的極樂國事，亦說彌陀因地時所發的四十八願，命終即生西方，經七日後，遇觀音及勢至，聞法歡喜，得須陀洹，過一小劫，成阿羅漢。

g.下品上生者：若有眾生，雖不誹謗大乘方等經典，然其多造惡法，無慚愧心者。命欲終時，遇善知識，為讚大乘十二部經的經目名稱，即能除卻千劫極重惡業。復教此人合掌稱念南無阿彌陀佛，即得除五十億劫生死之罪，爾時彼佛即派化佛、化觀音、化勢至，至行者前，讚此人以稱佛名故，諸罪消滅，得生西方。乘寶蓮華，生彼池中，經七七日，華開得見觀音、勢至，放光為說十二部經，聞已信解，發無上菩提心，經十小劫，具百法明門，得入初地。

h.下品中生者：若有毀犯五戒、八戒、具足戒者，偷僧祇物、盜現前僧物、不淨說法，無有慚愧。如此罪人，應墮地獄者，命欲終時，若遇善知識，為其讚說阿彌陀佛威德光明，亦讚戒、定、慧、解脫、解脫知見。此人聞已，除八十億劫生死之罪，業已現前的地獄猛火，化作涼風，吹諸天華，華上皆有化佛菩薩，迎接此人，往生七寶池中的蓮華之內，經六劫華開而見觀音、勢至，安慰此人，為說大乘經典。聞法之後即發無上道心。

i. 下品下生者：若有眾生，作不善業，五逆十惡，應墮惡道，多劫受苦者，命欲終時，若得遇善知識，說法安慰，教令念佛，而此人苦重，無法念佛者，應教此人，但稱歸命無量壽佛。如是至心，令聲不絕，具足十念，稱南無阿彌陀佛，稱佛名故，念念除八十億劫生死之罪。命終之人，即見如太陽大小的蓮華，接其往生彼國，住於華中經十二大劫，華開得見觀音、勢至，以大悲音聲，廣說實相，除滅罪法。聞已歡喜，即發無上菩提之心。

以上不厭其煩地介紹九品往生之說，乃由於彌陀淨土的特色，在於不捨任何一個尚有一念向善的眾生。然在眾生群中，善根各有深淺，修行各有勤惰，所得往生彌陀淨土的待遇，自然也應有其高下。在其他諸經，甚至是《無量壽經》，只說三輩眾生，往生彼國，若造五種逆罪及誹謗正法者，便為彌陀四十八願所不收。到了《觀無量壽經》，雖仍未說於誹謗正法者亦有開例，卻為造了十惡五逆的罪人，以及嚴重毀犯禁戒的四眾佛子，開了方便之門，允其列為下品下生，足徵佛陀的慈悲廣大。

大致上說：1.上品的三等，重於大乘慧的掌握者。往生者以得無生法忍（八地菩薩）及初地菩薩為中近程目標，成佛為最終目標。2.中品的三等，重於小乘戒的堅守者，以及世界倫常道德的遵行者。往生者但能得小乘聖果，三等的差別，則在證得阿羅漢果的遲早先後。3.下品的三等，乃為造惡的四眾佛子，以及未進佛教的造大惡業之人，所開的大方便門。他們以下品往生彼國之後，或經十小劫得入初地，或經六劫始發無上菩提之心，或經十二大劫，始得消罪而發無上菩提之心。不論如何，以此三品九等，全收一切眾生，往生極樂世界，乃是給了此界眾生無限的安慰、希望及鼓勵。

不過中品往生的三等眾生，以成就二乘聖果為其極致，可能會被誤以為他們將是永遠的聲聞，而且阿彌陀佛在迎接上品上生的眾生時，也有百千比丘聲聞，隨侍同往。此對往生彼國之後，求取無上菩提的不退轉地之目的，似有違背。對此如何解釋？確是難題。愚見以為，彌陀淨土雖有聲聞，而非決定永遠的聲聞，是為接引一類聲聞根性的眾生，所以彼國有聲聞眾，然其必將於多聞熏習之後，迴小向大，成就無上菩提。

（五）難行道與易行道

佛法之中，有靠自力修行證悟的難行道，經三大阿僧祇劫，修行菩薩道，生生世世，以身命做布施，將身心奉獻於塵剎的眾生，以身做眾生的床座，以血為眾生的飲料，以肉為眾生的食品。難行能行，難忍能忍，方可滿其成佛的功德。可是薄地凡夫，愚癡障重，忍力不足，悲心不持久，願力敵不過業力，以致多有退失初心者。故有諸佛慈悲，以願力成就其淨土，廣收心志脆弱的眾生，先生淨土，到了不退無上菩提之時，再到眾生界來，度脫廣大的眾生。故稱前者為難行道，後者為易行道。

《十住毘婆沙論》卷五〈易行品〉，有云：「至阿惟越致地（不退轉地）者，行諸難行，久乃可得。或墮聲聞辟支佛地，若爾者，是大衰患。」又云：「是故若諸佛所說，有易行道，疾得至阿惟越致地方便者，願為說之。」87

同論又云：「行大乘者，佛如是說：發願求佛道，重於舉三千大千世界。汝言阿惟越致地，是法甚難，久乃可得，若有易行道，疾得至阿惟越致地者，是乃怯弱下劣之言，非是大人志幹之說。汝若必欲聞此方便，今當說之。」88

從上引龍樹菩薩所說的兩段話，可知要得不退轉地，不是易事，成佛之道，重如舉起三千大千世界，可見其難。因為若有眾生知難，而退大乘入小乘，乃是大遺憾事，所以，易行道雖是怯弱下劣者的要求，既然有人不是「大人志幹」，就把易行道介紹了出來。

易行道的確為絕對多數的行者所需，難行道的決定力要靠行者自己，易行道則但有信願深心，迴向往生，即可仗佛願力，得不退轉。唯其易行道亦得有行者自己的善根福德為其基礎，方為安全可靠。前舉《觀無量壽經》的「三福」，《阿彌陀經》的「善根福德」，已如此說，再引《十住毘婆沙論》卷三〈釋願品之餘〉，亦作如此說：「諸善根成就，業障礙已盡，如是之人，得聞佛名。又是諸佛本願因緣，便得往生。」[89]

因此，雖在鼓吹易行道的淨土諸經，亦皆強調修持解脫道及菩薩道的重要，而且一切佛法皆以人天善法為其根本，所以願生諸佛淨土的行者，也均得準備往生淨土的福德資糧。

（一九八二年十二月二十二日脫稿於美國紐約禪中心，費時二十天，刊於《華岡佛學學報》第六期）

案：本文所引各種資料，均依第一手原典，並註明出處，為求行文簡明，偶有節略者，均可按照註解查對其原典字句。

註解

❶《大正藏》十二・三四六頁上。

❷《大正藏》十二・三四四頁下—三四六頁上。

❸《大正藏》十二・二七八頁上。

❹《大正藏》二十六・三十三頁上。

❺例如《觀無量壽經》的「下品往生」條下有云：1.「稱佛名故，除五十億劫生死之罪。」（《大正藏》十二・三四五頁下）2.「此人聞（阿彌陀佛十力威德及五分法身名）已，除八十億劫生死之罪。」（《大正藏》十二・三四六頁上）3.「稱佛名故，於念念中，除八十億劫生死之罪。」（《大正藏》十二・三四六頁上）4.又云：「但聞（彌陀）佛名，（觀音、勢至）二菩薩名，除無量劫生死之罪。」（《大正藏》十二・三四六頁中）此皆在命終之前消除罪業，而後往生彼國的說明。

❻《佛地經論》卷一有云：「地前大眾，見變化身，居此穢土，為其說法。地上大眾，見受用身，居佛淨土，為其說法。」又云：「受用身土，略有二種：一自受用，謂諸如來三無數劫所修無邊善根所感，周遍法界，為自受用大法樂故。……二他受用，謂諸如來為令地上諸菩薩眾，受大法樂，進修勝行，隨宜而現，或勝或劣，或大或小，改轉不定，如變化土。」（《大正藏》二十六・二九三頁上—中）

❼《成唯識論》卷十云：「法身有三相別：一自性身，謂諸如來真淨法界，受用變化平等所依。……二受用身，此有二種：一自受用，謂諸如來，三無數劫，修集無量福慧

資糧，所起無邊真實功德，及極圓淨常遍色身，相續湛然，盡未來際，恆自受用，廣大法樂；二他受用，謂諸如來，由平等智，示現微妙淨功德身，居純淨土，為住十地諸菩薩眾，現大神通，轉正法輪，決眾疑網，令彼受用大乘法樂。……三變化身，謂諸如來，由成事智，變現無量，隨類化身，居淨穢土，為未登地諸菩薩眾、二乘異生，稱彼機宜，現通說法，令各獲得諸利樂事。」（《大正藏》三十一．五十七頁下—五十八頁上）

❽《維摩經略疏》卷一云：「別明佛國者，諸佛利物，差別之相，無量無邊，今略為四：一，染淨國，凡聖共居；二，有餘，方便人住；三，果報，純法身居，即因陀羅網無障礙土也；四，常寂光，即妙覺所居也。」（《大正藏》三十八．五六四頁上—中）

❾《大正藏》八．八二八頁上。

❿《大正藏》十四冊所收：1.菩提流支譯《佛名經》十二卷。2.後人依據菩提流支譯本，增列菩薩、聲聞、緣覺等成為三十卷。

⓫《大正藏》十四冊收有《過去莊嚴劫千佛名經》一卷、《現在賢劫千佛名經》一卷、《未來星宿劫千佛名經》一卷，且此三經各有一種別譯本，而其初譯、別譯，均不知其譯者為誰。

⓬《大正藏》十二．三四六頁下。

⓭《大正藏》十二．二七〇頁上。

⓮《大正藏》十一．七五一頁下。

⑮《大正藏》十四．四〇一頁中。
⑯參考望月氏《佛教大辭典》五．四八九〇頁—四八九三頁。
⑰《大正藏》十二．五〇八頁下—五〇九頁上。
⑱《大正藏》九．四十三頁中。
⑲《大正藏》十七．八七五頁下。
⑳《大正藏》十一．八九九頁中。
㉑《大正藏》十二．三五七頁上。
㉒《大正藏》三．一八八頁下。
㉓《大正藏》三．一八九頁中。
㉔《大正藏》三．一九一頁中。
㉕《大正藏》三．一九二頁中。
㉖《大正藏》九．十一頁中。
㉗《大正藏》九．二十頁中—下。
㉘《大正藏》九．二十一頁上。
㉙《大正藏》九．二十一頁下。
㉚《大正藏》十五．一五八頁上。
㉛《大正藏》一．三一六頁下。
㉜《悲華經》卷七，《大正藏》三．二一二頁上—下。
㉝《大正藏》十四．五三八頁中—下。

34 《大正藏》十四・五四二頁下—五四三頁上。

35 《大正藏》十二・三四三頁上。

36 《大正藏》十九・一二八頁上—中。

37 （一）《六祖壇經・疑問品》云：「佛言：隨其心淨，即佛土淨。」（《大正藏》四十八・三五二頁上）

（二）《六祖壇經・定慧品》云：「《淨名》（即《維摩經》）云：直心是道場，直心是淨土。」（《大正藏》四十八・三五二頁下）

38 《大正藏》四十八・三五二頁上—中。

39 《大正藏》五十一・四五九頁下。

40 《大正藏》四十六・五十四頁上。

41 《大正藏》十一・七五五頁中。

42 《大正藏》八・一三六頁上。

43 《大正藏》十二・二六七頁中。

44 《大正藏》三・一七四頁下。

45 《大正藏》二十五・一〇八頁中—下。

46 《大正藏》十四・五三八頁上。

47 《大正藏》二十六・三十二頁上。

48 《大正藏》十一・六十八頁上—中。

49 《大正藏》十五・一四〇頁上—中。

50 《大正藏》十三．一〇八頁上—中。
51 《大正藏》十二．五十六頁中。
52 《大正藏》十二．六十三頁上。
53 《大正藏》十一．八九二頁中。
54 《大正藏》十二．一五四頁下。
55 《大正藏》十一．八九五頁下。
56 《大正藏》十二．五〇八頁下—五〇九頁上。
57 《大正藏》十一．五六五頁中—下。
58 《大正藏》二十一．五三三頁上。
59 《大正藏》十六．六四五頁上。
60 《大正藏》十二．三五五頁下。
61 《大正藏》十二．三七二頁下。
62 《大正藏》十四．九五頁上—中。
63 《大正藏》十五．一五八頁上。
64 參見《大正藏》十五．一五八頁上—下。
65 《彌勒下生經》有三譯：1. 竺法護譯，2. 鳩摩羅什譯，3. 義淨譯。均收於《大正藏》十四冊。
66 《大正藏》一．二八〇頁中。另參見《起世經》卷二。
67 《大正藏》十四．四一八下—四二〇頁上。

68 《大正藏》十四．四〇五頁下。

69 《大正藏》十一．七五五頁上—七五六頁中。另外參考《大寶積經．不動如來會》的「佛剎功德莊嚴品」（《大正藏》十一．一〇五頁）。

70 《大正藏》十二．二七〇頁上—二七一頁下。另外參考《大寶積經．無量壽如來會》（《大正藏》十一．九十六頁下—九十八頁上）。

71 《大正藏》十二．三五五頁下。

72 《大正藏》十四．四二〇頁上。

73 《大正藏》五十．二七七頁上。玄奘於臨終前，向大眾辭別詞中有云：「願以所修福慧，迴施有情，共諸有情，同生覩史多天彌勒內眷屬中，奉事慈尊。佛下生時，亦願隨下，廣作佛事，乃至無上菩提。」（同上）

74 《大正藏》十四．四〇二頁下。

75 《阿閦佛國經》卷上有云：「爾時有異比丘，聞說彼佛剎之功德，即於中起婬欲意，前白佛言：天中天，我願欲往生彼佛剎。佛便告其比丘言：癡人！汝不得生彼佛剎，所以者何？不以立婬欲亂意者得生彼佛剎，用餘善行法清淨行，得生彼佛剎。」（《大正藏》十一．七五六頁上）

76 《大正藏》十一．七六一頁中—下。

77 《大正藏》十一．七六三頁上。

78 《大正藏》十二．三四七頁中。

79 《大正藏》十二．二七二頁中。

80 同上。

81 《大正藏》十二．二七二頁中—下。

82 《大正藏》十二．二七二頁下。

83 《大正藏》十二．二七八頁上。

84 《大正藏》十二．三四一頁下。

85 同上。

86 《大正藏》十二．三四四頁下—三四六頁上。

87 《大正藏》二十六．四十頁下—四十一頁上。

88 《大正藏》二十六．四十一頁上—中。

89 《大正藏》二十六．三十三頁上。

戒律與人間淨土的建立

一、提要

戒律是為了淨化人類的身心而設，是為了淨化人間的社會而設。是以人間的善良風俗人情及合理的國家規章法令，為佛陀制戒的參考基礎，加以佛法的正知正見做引導，便成了有小有大、能略能廣、可淺可深，可以適應任何時空環境的生活準則。

當你認識了戒律的功能，明白了佛陀制戒的用心，你便不會拘泥於枝末小節，應著重於人類之身、心、語言三種行為的淨化：清淨、精進、儉樸、有禮節、有威儀，不惱害自己，不困擾他人，並以淨化的人格，做他人的表率，用佛法的慈悲和智慧，淨化社會，淨化人間。

佛陀所說的戒律雖多，卻不是苛刻的要求。事實上為使後代的子孫，能有彈性適應的空間，故有「隨方毘尼」的遺教，並有「捨棄小小戒」的交代。因此佛教傳到了中國，漸漸地出現《禪苑清規》的叢林制度，既不即是佛世的戒律形式，也不違背佛陀制戒的精神。不過，光有叢林制度，也不能取代全部的戒律功能。

佛教的戒律，是相當人性化且富於人情味的，因其重視實用性，故也富有伸縮性。佛教雖有種種戒律，並未規定所有的人都受同樣多的戒律，那是依照各人發心的程度，來自由決定的。

佛陀及其大比丘弟子們，經常「遊行人間」，用清涼的佛法，來淨化人間大眾的身、心、語言三類行為，建立人間佛教；我們現在推廣人間淨土的理念，就是要這樣，呼籲大家，一點一滴、日積月累，共同努力，來實現它。

二、戒律是因人而有

戒律，是佛教徒們用來淨化個人的準則以及淨化社會的規律，特別是和敬僧團的運作規範。

戒律是一個複合的名詞，是由尸羅（śīla）及毘尼（vinaya）結合而成。

戒的梵文尸羅（śīla）是由動詞轉變成的名詞，例如戒酒、戒菸的「戒」，是動詞，五戒、十戒、授戒、捨戒、持戒的「戒」，是名詞。尸羅的原意有：行為、習慣、性格、道德、敬虔等諸義。例如《大乘義章》卷一云：「言尸羅者，此名清涼，亦名為戒。三業炎非，焚燒行人，事等如熱，戒能防息，故名清涼，清涼之名，正翻彼也，以能防禁，故名為戒。」❶

戒的功能，在於防非離過，戒有防止發生身、口、意三業的過失作用。從糾正人的行為，調伏不良的習慣、性格等，使之合乎清涼清淨的道德標準。如《大智度論》卷十三云：「尸羅（秦言性善），好行善道，不自放逸，是名尸羅。或受戒行善，或不受戒行善，皆名尸羅。尸羅者，略說身口律儀，有八種：不惱害、不劫盜、不邪婬、不妄語、不兩舌、不惡口、不綺語、不飲酒及淨命，是名戒相。」❷

原則上佛戒宜有受法，受戒而不行善道，即為犯戒，不受戒而能行善，亦名為戒。《大智度論》此處說的尸羅，是身、口律儀，略有八種：不惱害（不殺生）、不劫盜、不邪淫的三者，屬身業清淨；不妄語、不兩舌、不惡口、不綺語、不飲酒的五者，屬口業清淨；淨命是不邪命自活，即是八正道中的正命，是身、口二業的謀生方式清淨。可見佛戒是為了淨化人的行為而設，做為一個佛教徒，理應受戒，萬一因緣不具足而未備受戒的儀式，若能依照這八種戒相行善，也有持守的功德。因此在《菩薩瓔珞本業經》（又稱《瓔珞經》）卷下有云：「若一切眾生，初入三寶海，以信為本，住在佛家，以戒為本。」❸也就是說，初入三寶之門的人，信心最重要；已經發心學佛的人，受戒持戒是最根本的修行項目。《瓔珞經》所說的受戒範圍，則有：「所謂十善法，五戒、八戒、十戒、六波羅蜜戒。」[4]毘尼藏中，則有僧俗七眾的五戒、八戒、十戒、比丘戒、比丘尼戒。以此可知，佛戒的範圍，有略有廣，有俗有僧，有簡有繁。

在阿含部及毘尼部所見的在家居士及居士婦，應受五戒及八戒，具體的有漢譯的《優婆塞五戒相經》詳明五戒[5]；《中阿含經》的《持齋經》詳明「聖八支齋」[6]，或名八分戒[7]，一般稱為「八關戒齋」及「八關齋戒」[8]。

在毘尼部的出家小眾有沙彌、沙彌尼的十戒[9]，以及式叉摩尼的六法[10]，出家大眾有比丘戒及比丘尼戒[11]。

在諸大乘經論中對於發心的菩薩大眾，有菩薩戒[12]。

這些戒的名目和內容，都是為了配合不同程度及不同類別的佛教徒而設，也可說是層次分明，因人而異的淨化設施，乃是為了適應高低不同、屬性差異的對象。經中雖有說到：但能聽懂法師語言的異類眾生，也得受戒，但是佛陀制戒的對象，是為了人類[13]。

三、戒律的意義及其功能

戒律在梵文聖典中，有許多常見的名稱：（參考土橋秀高氏《戒律の研究》三頁）

（一）「戒」為「尸羅」（śīla）；「律」為「毘奈耶」，又譯作「毘尼」（vinaya）。

（二）「戒律」合稱不是「尸羅毘奈耶」（śīla-vinaya），主要是指七眾佛子的別解脫戒，稱為「波羅提木叉」（prātimokṣa）。

（三）「戒律」二字的內容，宜為「戒律儀」（śīla-saṁvara）。

（四）通常所稱廣義的「戒律」，宜含有「戒」、「律」、「別解脫戒」、「別解脫律儀戒」（prātimokṣa-saṁvara-śīla）等的項目。

（五）戒律又有「學處」（śikṣāpada）、「禁戒」（śīla-vata）、「律儀」（iriyā）、「威儀」（iriyā-patha）等名。除了「威儀」單指四大威儀的儀禮容貌舉止，其餘指戒相，是別解脫戒的持犯準則和各種會議的儀程規則。

通稱的戒律，玄奘之前的舊譯為毘尼，嗣後的新譯為毘奈耶，也有譯作鼻奈耶。毘奈耶含有多種意義：

（一）《毘尼母經》卷一，律有「滅」義：「毘尼者名滅，滅諸惡法，故名毘尼。」[14]

（二）《清淨毘尼方廣經》，律有「調伏」義：「毘尼，毘尼者調伏煩惱，為知煩惱，故名毘尼。……煩惱不起，是畢竟毘尼。」[15]

（三）《善見律毘婆沙》卷一，也說律有「調伏」義：「問曰：何謂毘尼義耶？說偈答曰：將好非一種，調伏身口業，知毘尼義者，說是毘尼義。」[16]

（四）毘尼或毘奈耶，尚有滅諸惡行、離諸惡道、化度、善治等義。在《毘尼母經》卷七，又說毘尼有五義：1.懺悔（所犯），2.隨順（如來教法），3.滅（惡法），4.斷（煩惱），5.捨（捨所作、捨見事）。[17]

佛經中處處都說到：佛弟子當依法住、依律住，正法住世，佛即住世。站在戒律的立場，正法與律，不能分割，所以名為「正法律」。正法的功能在於淨化人類心靈，斷諸煩惱，淨化人間社會，滅諸惡法、惡行、惡道。戒律實則已經涵蓋了正法的功能。

通常都說，聲聞七眾律儀，但為淨化人的身、口兩類行為，到了菩薩戒，才重視意念的行為。其實在阿含部及律部，均可見到戒律與三業清淨是分割不開的。例如南傳長部的《沙門果經》有云：「由波羅提木叉制禁，住於持戒，精勤正行，……營造清淨生活；具足戒，守護諸根門，具足正念、正智，滿足。」❽這是說，持戒能營造清淨生活，守護六根之門，六根是眼、耳、鼻、舌、身、意，既含「意根」及「正念、正智」，也就表明身、口、意三業，是相應不離的。

漢譯《雜阿含經》卷十一亦有云：「云何律儀？眼根律儀所攝護，眼識識色，心不染著，心不染著已，常樂更住，心樂住已，常一其心，一其心已，如實知見，如實知見已，離諸疑惑，離諸疑惑已，不由他誤，常安樂住。耳、鼻、舌、身、意，亦復如是，是名律儀。」❾

這段經文，是說明護六根、攝六識，不為六塵動煩惱心。與南傳的《沙門果經》所說，是相互呼應的。可知，律儀的功能，是由攝護身、口、意等三業，而進入「常一其心」的禪定，開發「如實知見」的智慧。雖是被大乘學者視為小乘的阿含聖典，已將戒律的範圍，涵蓋清淨三業的全部了。

四、戒律的實用性及適應性

佛制的戒律，是因事制宜、因時制宜、因地制宜的設施。為了使得弟子們保持身心清淨，保持僧團的形象；為了成就自己的道業，為了成就他人的信心，使得正法久住人間。

《大智度論》卷四十六說，佛陀成道後的最初十二年中，佛未制戒。僧團清淨，無人犯過，無人行惡不善法，所以「如來不以無過患因緣而為弟子制戒，立說波羅提木叉法」。[20]這是因為佛陀告訴舍利弗，過去有六佛，其中三佛未給弟子們廣說法，也不結戒，未說波羅提木叉，故於如來滅後，弟子們的清淨梵行速滅；另外三佛，廣為弟子說法、結戒、說波羅提木叉，佛及弟子涅槃後，清淨梵行久住，正法住世。因此，舍利弗便請釋迦世尊制戒，佛說：「我此眾中，最小者得須陀洹，諸佛如來，不以未有漏法而為弟子結戒。」[21]直到迦蘭陀長者子須提那求度出家之後，又回到俗家，與其俗妻行了俗事，世尊始為弟子制定了第一條不淫戒。並宣示：「以十利故為諸比丘結戒。」[22]

諸部律典，所言結戒十利，內容幾乎一致，僅文字略有出入，現在將《五分律》、《四分律》、《南傳巴利律藏》，抄錄如下：[23]

（一）《五分律》卷一：僧和合，攝僧，調伏惡人，慚愧者得安樂，斷現世漏故，滅後世漏，令未信者信，已信者令增廣。法久住，分別毘尼梵行久住。

（二）《四分律》卷一：攝取於僧，令僧歡喜，令僧安樂，令未信者信，已信者令增長，難調者令調順，慚愧者得安樂，斷現在有漏，斷未來有漏，正法得久住。

（三）《南傳巴利律藏》：為攝僧，為眾僧安樂，為調伏惡人，為善比丘住安樂，為斷現世漏，為滅末世漏，為未信者信，為已信者增長，為正法久住。

由此可知，佛不曾預設戒律，不是由於佛的旨意為弟子們結戒，乃是為了當時的社會風俗需要、共同的道德需要、佛教內部的團體需要，以及為了使得弟子們解脫欲瞋等煩惱的修行條件需要。佛陀結戒，是因為弟子之中有人犯了有漏過失，與沙門釋子的身分不合，才制定戒律，規範行為。從結戒十種利益的內容來看，佛為弟子們結戒，雖為團體中的每一個個人給予行為的約束，實則是令個人清淨、個人解脫，逐條戒行清淨，逐項煩惱解脫，最終目的乃在於使得全體大眾，都能歡喜和樂，伏惡起信，自利利人，正法久住。也就是說，戒律的出現，是由淨化個人行為，進而淨化社會大眾的行為。只要弟子們的行為，有了惡不善業，佛便隨著因緣的需要而陸續結戒，然後又因情況需要而再三地更改，不斷地增設，一直延續到佛陀涅槃時為止。

戒律不是佛陀給其弟子們預定的規約，當僧團中尚未有人發生偏差的行為時，如來不先制戒，只說：「我自知時。」㉔故在《南傳大藏經》的《彌蘭陀王問經》第六品第二有云：「世尊是一切智者、一切見者，對弟子不於非時制定學處，時機至時，為諸弟子制定學處，使之終生必不再犯。」㉕

又於此經第八品第二有云：「如來以佛智，於斯諸事件，當制諸學處，決斷無餘。事件已起，惡名宣揚，罪過擴張，眾人譏議之時，為諸弟子制定學處。」㉖可見如來制戒，是因時而制、因事而制。當其弟子之中，有人出現了惡不善法，破壞了僧團的清淨，惡名傳播，招致譏嫌，傳到佛陀耳中，佛陀為使此人不犯相同的過失，不使其他弟子也犯相同的過失，所以結戒，並且因事、因時、因地的不同情況，再三地增修戒律。因此在《五分律》卷二十二有所謂「隨方毘尼」的而於明文記載：「佛言……雖是我所制，而於餘方不以為清淨者，皆不應用；雖非我所制，而於餘方必應行者，皆不得不行。」[27]

由於佛陀經常帶著大群的出家弟子們，遊行人間[28]各地，並與人間社會各階層的人士接觸，為了隨順印度當時當地的風俗習慣、道德標準，尤其是一般宗教師及沙門生活的共同性，便隨時結戒、隨方結戒。持戒的規律，就必須通達「開（放）、遮（絕）、持（守）、犯（戒）」的準則，留有彈性活用的空間。

五、戒律順從人情與國法

尊重當時當地的風土人情，順從當時當地的國家法令，是能使得佛法廣被人間的必備條件，這正所謂「入鄉問俗，入國問禁」的做人原則。佛教的戒律，當然也富有這樣的性格，例如《五分律》載有一位迦蘭陀長者的兒子須提那，發心求佛剃度出家，佛陀問他的第一句話，便是：「汝父母聽未？」答言：「未聽。」佛言：「一切佛法，父母不聽，不得為道。」[29]

另有一例，亦出於《五分律》，說有許多比丘度沙彌出家，未獲他們父母的同意，淨飯王即向佛陀建議：「子孫之愛，徹過骨髓，如何諸比丘，誘竊人子而度為道？」佛陀便集合比丘大眾，種種訶責已，告諸比丘：「從今父母不聽不得度。」[30]

從這兩個例子，可以明白，佛陀時代的印度，不論成年或未成年者，凡欲發心出家為道，必須取得父母的同意，如果寺院貿然接受未獲父母同意者出家，整個佛教的僧團都會遭受指責。雖然釋迦太子喬答摩踰城出家時，也未取得其父母的同意，但在佛陀成道之後，接受弟子出家時，必須取得其父母的同意。若其父母不允，即以三種方式來處理：

（一）例如耶舍欲出家，佛知其父不許，故以佛法感化，使得其父，見法得果，受了三皈五戒，認同出家的利益，便歡喜地接受了耶舍出家的事實[31]。

（二）例如須提那發心出家時，雖經三請，父母猶不聽，須提那便以

斷食至第六天，父母不忍其子餓死，便噙淚答允：「聽子出家，修於梵行。」㉜

（三）例如天與長者之女——法與童女的出家因緣那樣，其父自始至終都要逼她嫁人，佛陀知道她於不久即將證得三果不還及四果阿羅漢，故派尼眾之中神通第一的蓮華色阿羅漢，代表前去為她授戒。後在大婚之日，供佛齋僧之際，聞佛說法之後，迎娶之間，法與童女即現神通，變化殊勝，現出家相㉝。

在此三種方式之外，如果真心要出家，假以時日，先度父母皈敬三寶，也能如願；如果出家意願並不如何堅固，那就不用出家了。

沙彌求度出家，除了父母不聽不得度之外，尚有為了保持僧團的平靜清淨，為了順應世間常情常理及國家法令，故有「遮難」的限制，凡是太老（過八十、九十歲）、太小（七歲以下）、生理不正常、心念不正常、負債、奴僕未獲自由者、王法不許者，均不應度㉞。因為佛教的責任在於淨化人心、淨化社會，也要關心政治法令，但不介入政治法令的革命運動。所以佛教傳到任何一個國家地域，便遵守其制度，順應其文化，然後於潛移默化中，改變其陋習及惡法，導正其方向的偏差。

另有一例，便是《摩訶僧祇律》有關比丘戒中重戒的四波羅夷法（pārājika）第二條「偷盜戒」的罰則，凡不與而取五錢或超過五錢者，便成重罪不可悔，必須捨出家還俗家，然後接受王法的處置；那也是為了順應當時當地的王法而制的一條重戒。當時佛住王舍城，頻沙王當政，佛問：「大王，盜至幾錢，罪應至死，乃至應罰？」王言：「十九錢為一罽利沙槃，分一罽利沙槃以為四分，若盜一分，若一分直（值），罪應至死。」佛陀即告諸比丘：「若盜一分，若一分直（值），犯波羅夷。」35 把十九錢分作四等分，則每一等分相當於五錢稍不足，在《四分律》中即說：「若以盜心取五錢，若過五錢，若牽挽取，若埋藏，若舉離本處，初離處，波羅夷。」36

波羅夷意譯為極惡、重、棄、斷頭，因為依據當年摩揭陀國的國法，凡偷盜約值五錢，便是死罪，佛陀就依王法做為制定戒律罰則的標準。如果到了他國或到了現在的哪一個國家，死罪的標準不同，甚至已廢除了死刑，佛陀制戒的罰則標準，豈非也會隨著變更。

六、捨小小戒與禪林清規

由於佛陀住世時代，為弟子們的生活行儀，做了許多的指示，多半是權宜的設施，不是根本的精神所在，故在佛陀即將入滅之際，特別叮嚀阿難尊者說：「當自撿心。阿難，汝謂佛滅度後，無復覆護，失所恃耶？勿造斯觀，我成佛來，所說經、戒，即是汝護，是汝所恃。阿難，自今日始，聽諸比丘，捨小小戒。上下相和，當順禮度。」[37]

佛陀是人天的導師，他不以權威懾眾，乃以智慧做眾生的津梁，由其智慧中宣流出的經教和戒律，便是弟子們的依怙之所，只要依法住、依律住，便等於依止佛陀而住。此在《善見律毘婆沙》卷一，也有大迦葉這麼想：「佛在世時，語阿難：我涅槃後，所說法戒，即汝大師。」[38]同書的另一段，記述第一次結集大會中，諸比丘更說：「毘尼藏者，是佛法壽，毘尼藏住，佛法亦住。」❸❾強調戒律的維繫，是正法久住的最大保障。可見戒律的內容繁瑣，大大小小，有重有輕，有的僅為適應某時某地的某一弟子的偶發事件，並非凡是佛制的戒條，人人都用得到，也非時時有用、處處有用。因此佛陀臨涅槃時，許可比丘弟子們捨小小戒。不過到了第一次結集大會上，阿難提起此事，可惜當時忘了問佛，小小戒的範圍層次指的是什麼？結果無法在大會上通過，而由大迦葉裁決：「隨佛所說，當奉行之，佛不說者，此莫說也。」❹⓿

其實，若從律藏的資料中，細心探索，也不難發現，捨小小戒的問題，是可以釐清的，凡是與當時當地的情況——民情風俗、習慣、法律無關的，凡是不涉及身、口、意三業清淨原則的，凡是跟佛教的僧團形象無關的，都可納入小小戒的範圍。依據我個人的研究，曾經寫過一篇短論，綜合起來，知道是指在比丘戒的四波羅夷、十三僧殘（saṃghāvaśeṣa）、二不定法之外的，都可考量列入小小戒的範圍❹❶。這是佛陀的慈悲，不讓繁文縟節困擾後世的弟子們，也是佛陀的智慧，可讓後世的弟子們能夠依據制戒的原始精神，有自由伸展及約束的時空彈性。

可是這個問題，在南傳上座部的《彌蘭陀王問經》的〈難問第二品〉第一，將佛陀所指示：「阿難！我死後，若僧伽欲廢棄小，隨小學處者，聽。」解釋成為佛陀以此試探弟子們，在佛滅後，宜警惕，諸佛子為了苦之解脫，更應守護更多的學處，豈有放棄學處之理[42]。這也正可代表了上座部佛教是站在保守的立場，而其對於小戒及隨小戒的定義，解釋成為：「小學處者惡作也，隨小學處者惡語也。」[43]惡作與惡語，在比丘律的五篇之中，同屬於第五篇，名為突吉羅（梵語 duṣkṛta），又稱為「眾（多）學（處）」及「應當（遵守）學（處）」，乃是威儀類，日常生活，待人接物，人與人之間的禮儀，行、住、坐、臥的各項規定。這也可以隨著時代環境的改變而可略有變動的必要。提昇人品、健全人格，類似的禮儀，也相當重要。可見南傳的上座部，主張保守的原則是對的，但如果拘泥於條文的枯守，就與佛旨相違了。

我們討論佛陀所示「小小戒可捨」或「微細戒可棄」，不能執著於「捨棄」二字，而當體驗到戒律的功能，在於隨時、隨方、隨俗，達成適時、適所、隨機應化的人間性和實用原則，那就是使得人間社會大眾，能夠清淨、和樂、少欲、知足、知慚愧，令未信者信，已信者增長；佛的正法常住人間，利益人間。

事實上，三藏聖典中的律藏，不論以何種語文流傳下來，都已早就無法照著佛陀時代那樣地全部實施於人間，縱然凡是正統的佛教徒們，都還覺得戒律對於佛法的實踐，非常重要，但在遇到異文化、異民族、異方域、異風俗、異法令的時代環境，為了使得佛法還能夠推廣，自利、利人，就不得不放棄形式主義的持戒思想。例如佛教到了中國，就曾出現過「沙門不敬王者」及「父母反拜沙門」的論爭，也發生了百丈懷海（西元七二〇—八一四年）改變沙門不得耕作、必須托缽乞食的生活方式，而成為農禪制度的自食其力，並在寺內自炊自食。他也明知這是「不循律制，別立禪居」，卻又自信他所創立的禪林清規，有四種益：1.不汙清眾，生恭信故；2.不毀僧形，循佛制故；3.不擾公門，省獄訟故；4.不洩于外，護宗綱故[44]。

因為百丈禪師所建的清規，被當時的人所指責：為什麼既不遵守小乘的比丘、比丘尼戒，也不隨從大乘菩薩戒律？他的回答是：「吾所宗，非局大小乘，非異大小乘，當博約折中，設於制範，務其宜也。」[45]

像這樣的非局於大、小乘戒律，也不異於大、小乘戒律，其實就是遵守佛陀制戒的基本原則，但又不被瑣碎的戒律條文所束縛。因時制宜、因地制宜，使得佛法能夠適應環境，又能使得佛教徒們身、口、意三業清淨，為自己除煩惱，給人間做表率。既能適應不同的時空環境，也能被不同的時空環境接受；既有彈性，靈活運用佛法，也能保持僧團生活的清淨精進。所以《百丈清規》、《禪苑清規》以及各寺院所訂的各項規約，都是在同一種原因下產生。千百年來，戒律在中國，雖然從未如律普及，也未如律傳承，但是中國尚有禪慧精進及梵行清淨的釋子沙門。佛法的命脈，也就靠著這些人的奉獻，保持了下來。豈不也可以把他們所創的清規，算作富有生命活力的戒律呢？應該可以，但仍不能取代戒律的全部。

七、戒律是實踐佛法的共軌

我們法鼓山正在提倡人間佛教，建設人間淨土。人間淨土的建設，須從我們的身心淨化做起，若能實踐佛法，體驗佛法，將佛法的利益來淨化人心、淨化生活，便能淨化社會、淨化人間。個人的身心淨化，影響他人的身心淨化，人間淨土便在個人的心中展現，也會在一個一個人間大眾的生活之中展現。

淨化人類身心的基礎，不能離開佛制的戒律。這是大、小乘一切佛教聖典的共識，唯其戒律的範圍有大小寬窄的不同，如果不去管那微細如牛毛的戒律形式，只要了解戒律的根本功能及其精神所在，就可發現佛法的修證，不能離開實踐，實踐的佛法，不能缺少戒律。例如以下各群常見的佛法名相中，均含有「戒」的項目：

（一）無漏學：即是戒、定、慧，且以戒為定、慧之首。

（二）八正道：正見、正思惟、正語、正業、正命、正方便（精進）、正念、正定。其中的正語、正業、正命，便是戒律行為。

（三）六念：念佛、念法、念僧、念天、念戒、念施。

（四）三福業，有二類：1.世福、戒福、行福，2.施類福、戒類福、修類福。

（五）四不壞信：佛、法、僧、戒。

（六）五分法身：戒、定、慧、解脫、解脫知見。

（七）五種增上學：善、信、戒、意、慧。（參考楊郁文著《阿含要略》）

（八）六波羅蜜：布施、持戒、忍辱、精進、禪定、智慧。

（九）七聖財：信、戒、慚、愧、多聞、施捨、智慧。

（一〇）〈七佛通誡偈〉：諸惡莫作，諸善奉行，自淨其意，是諸佛教。

因此，受戒是信佛、學法、敬僧的第一步。世尊成道後，於鹿野苑初轉法輪，即說八正道及四聖諦；八正道中便有戒行內容。世尊的第一位在家弟子，是耶舍（耶輸伽）的父親耶舍長者，聽聞佛說：施論、戒論、生天之論，以及苦、集、盡、道的四聖諦法，即時見法得果，便受三皈五戒，成為世尊所度人中最初的優婆塞㊻。

《毘尼母經》卷一更說：「優婆塞者，不止在三歸，更加五戒，始得名為優婆塞也。」㊼以此可知，若成為一個佛教徒，不論出家或在家，即使已經先證聖果，還是要受三皈五戒，如果只受三皈不受五戒，也不得名為優婆塞。受戒對於修學佛法者而言，是非常重要的事，即使有說：「已得禪定者有定共戒，已證聖果者有道共戒。」還是須受五戒、八戒、十戒、比丘或比丘尼等的具足戒。是什麼樣的身分，必具什麼層次的別解脫戒。

除了諸部律藏，即在南傳的《尼柯耶》，漢譯的四《阿含》，初以「聖戒蘊」、「聖戒聚」，遂以三學、四不壞信，處處強調戒律。諸大乘經論，也無不主張戒律對於菩薩行的重要性；直到中國天台宗的判教，世尊一代時教的最後一部《大涅槃經》，也被判稱為「扶律談常教」。總之，要想淨化人的身、口、意三類行為，所謂三業清淨、得解脫禪定、開無漏智慧，必須受戒持戒。要想淨化人間，展現清淨、和敬、和樂、自在、健康的社會環境，也必須鼓勵僧俗大眾，依各人發心不同的身分，受戒持戒。

八、戒律的廣略繁簡及其實用性

從歷史的軌跡，考察佛教的戒律，乃是從沒有戒律，而制定原則性的生活公約；由簡單扼要的人間道德生活規範，而演變為僧俗七眾的各種律儀規範；由條文事項，而編集成為部帙龐大的律藏聖典。可是戒律在由約而繁之後，漸漸地失去了實用的彈性空間，為了適應各個時代及其所處的環境，便出現了大乘經論中的菩薩戒，例如《菩薩瓔珞本業經》、《梵網菩薩戒經》、《優婆塞戒經》、《大智度論》的〈釋尸羅波羅蜜〉、《瑜伽師地論》的〈菩薩地戒品〉。由《瑜伽師地論》的〈菩薩地戒品〉產生《瑜伽菩薩戒本》、《菩薩地持經戒本》、《菩薩善戒經戒本》。可是《菩薩瓔珞本業經》只列菩薩三聚淨戒及十條重戒戒相，《大智度論》廣說七眾戒，略說則身、口律儀，僅有八種㊽。又說：「十善為總相戒。」㊾《瑜伽師地論》雖舉出菩薩戒有四重、四十三輕的戒相條目，卻以三聚淨戒稱為「菩薩一切戒」㊿。由此所舉資料可知，為了實用的適應性，不論是聲聞律儀或菩薩律儀，都許可有其繁簡適中的調整空間。

對於大乘菩薩戒的適應性，我已寫過兩篇論文51，在此不再重複。對於聲聞律儀，說得妥貼一些，應該是七眾別解脫戒的繁簡問題，及其淨化身心、淨化社會等實用性的問題，尚有值得討論的必要。

律藏明白表示，欲使諸佛的正法久住，必須遵守清淨梵行，必須持守戒律。不過根據《增一阿含經》的記述，釋迦世尊在最初十二年中，因為教團中人，無有瑕穢，故亦未曾制戒，僅以一偈做為禁戒：「護口意清淨，身行亦清淨，淨此三行跡，修行仙人道。」52

這是說，釋迦世尊成道後的最先十二年中，亦未制定比丘及比丘尼戒，但卻已經以此四句偈子，當作戒律來用。並在同卷的《增一阿含經》中，先給我們介紹了世尊之前的六佛，各各都曾說出一偈，做為禁戒53。可是同在《增一阿含經》卷一，見到七佛均以一偈付囑優多羅尊者的記述，因為這個偈子，即能使人產生戒清淨、意清淨、除邪顛倒。所以成為過去七佛所制的通戒，又名通誡：「諸惡莫作，諸善奉行，自淨其意，是諸佛教。」並說：「四《阿含》義，一偈之中，盡具足諸佛之教及辟支佛、聲聞之教。所以然者，諸惡莫作，戒具之禁，清白之行；諸善奉行，心意清淨；自淨其意，除邪顛倒；是諸佛教，去愚惑想。」54

《增一阿含經》將此一偈視為四種《阿含》全部內容的濃縮，在這「一偈之中，便出生三十七品及諸法」55。到了中國的天台宗第六祖湛然，解釋此段經文時，便以為：「〈七佛通戒偈〉者，過現諸佛皆用此偈，以為略戒。」56這是以戒律含攝教法，教法不出於戒律的思想，所謂戒律住世，能令正法久住，乃是佛教學者的一貫的觀點。不過此處所舉，是說明了戒律的最初，除了八正道中的正語、正業、正命，以及優婆塞的五戒之外，對於僧團大眾的制約，可能簡單到僅有一個偈子。十二年後，便因僧中出現了「瑕穢」事件，而「隨犯隨制」，有人犯過則制，若無人犯過，則已制的戒律也不一定有用。既是「隨犯隨制」，也可隨著時地的變遷，戒律條文的多寡、戒律內容的廣略，亦宜跟著調整。

九、營造人間淨土必須遵守戒律

任何一個個人，任何一個團體，乃至成辦任何一項事務，都不能沒有共通性的準則，也不能沒有個別性的特色。不論是共通性與個別性，均當有其持續性的原則，那便是在必須遵守人與人之間的常情常理之外，你屬於什麼團體的什麼身分，便應接受那個團體的共同守則。否則你就不會被那個團體接受。因此，家有家規，會有會章，黨有黨章，國有國法，宗教有信條，佛教有戒律，乃是理所當然的事，若不遵守，你就失去資格，也無法取得其利益。

做為一個佛教徒，目的在於運用佛法淨化身心。佛法的具體內容，便是戒、定、慧三無漏學，故從世尊於鹿野苑為五比丘初轉法輪，開始宣講八正道及四聖諦，便是戒、定、慧三無漏學的另一種表現法。所謂修道，即是實踐八正道、體驗四聖諦。修道的目的是在於除卻一切苦難的折磨，獲得解脫安樂的幸福。八正道是修行的條件和方法，四聖諦是流轉生死及出離生死的原理原則。必須照著去做，才能如願幸福。也就是說，為了離苦得樂，化汙穢的身、口、意三類行為，成清淨的身、口、意三業，就必須遵守修行規則的約束，這就是受持戒律的定義。

可見，佛制的戒律，不僅是為使佛教徒適應所處時空環境的風土人情，以及社團的公約、國家的法令，更進一步是為促成每一個人，身、口、意的淨化，並且保障這三種行為的不斷淨化，也用此淨化的功能，奉獻給他人、影響到他人，以達成由淨化個人而淨化社會、淨化國家的目的。也就是說，營造人間淨土，必須要從行為的淨化開始，要想淨化人的行為，必須遵守佛的戒律。

佛陀為第一位在家弟子耶舍長者所授五戒的前四戒：不殺生、不偷盜、不邪淫、不妄語，原來是印度社會大眾共同遵守的道德規範[57]。其他外道聖典中，亦有五戒的規定，他們的五戒與佛教的五戒相比，前四戒幾乎全同，唯有第五條不飲酒戒，是佛教的特色。可以明白，佛制的戒律，雖有為了順應環境的用心，也有其獨特的內容。又如，受五戒者，必依三皈，不受三皈不得算作佛教徒中的在家居士，這就跟其他宗教的性質不相同了。受五戒的標準用詞是：「我今皈依佛、皈依法、皈依僧，唯願世尊聽為優婆塞。自今已去，盡形壽不殺生，乃至不飲酒。」[58]

這是佛陀為第一位在家弟子授三皈五戒的受戒詞。這位已證聖果的居士，尚須接受三皈五戒，才正式成為三寶弟子的佛教徒。若已證了第四阿羅漢果，他就必然出家，現比丘或比丘尼相，也得要受比丘或比丘尼的具足戒，才算具備了沙門釋子的身分。也就是說，獲證聖果，是個人的經驗，接受佛教徒的戒律，才是取得佛教徒身分的條件。例如佛陀成道後，在鹿野苑初度阿若憍陳如等五位弟子出家，便是在他們五人聞法，逐一證得阿羅漢果之後，分別給他們傳授比丘具足戒的，據《四分律》卷三十二〈受戒犍度〉的記載是這樣的：「爾時尊者阿若憍陳如，見法得法，成辦諸法，已獲果實。前白佛言：『我今欲於如來所修梵行。』佛言：『來比丘。於我法中，快自娛樂，修梵行，盡苦原。』時尊者憍陳如，即名出家，受具足戒。」[59]

文中的「來比丘」，在其他律典中，稱為「善來比丘」，乃是佛陀親自為聖弟子們授比丘戒的一種方式。受戒與證果並沒有重疊的關係，不論凡聖，受戒是成為一個佛教徒的必具條件，故於佛陀成道後初遇兩位賈客（商人）兄弟，佛陀當時尚沒有出家弟子構成的僧伽，便教他們求受二皈依：「大德，我今皈依佛，皈依法。」[60]此時的「佛」是釋迦如來，「法者，布施、持戒、生天之法」[61]，可見，佛法是教人以布施、持戒、生天的世間善法為淨化人間的基礎，然後以「呵欲、不淨、有漏、繫縛，讚歎出離為樂」62，來成就出世間的解脫功德。

再進一步，以大乘佛教的聖典而言，不論是漢傳系統或者藏傳系統，都承認戒律是世間善法、出世善法，乃至也是成就無上佛果的共同善法63。

一般聖典的看法，多說持戒清淨，是人天善業，得人天福報，例如南傳的《清淨道論．說戒品》，所說持戒的五種功德，均屬人天層次的利益64。

可是，在《南傳大藏經》增支部二．四的〈等心品〉、同三．三的〈阿難品〉，都說具戒而護波羅提木叉律儀，住於隨一寂靜，具足心解脫，死後生不還天，得般涅槃，證三果阿那含65。《長阿含經》的《遊行經》則說，修戒、定、慧，得大果報，「已得解脫，生解脫智，生死已盡，梵行已立，所作已辦，不受後有」66。這是說，若將戒、定、慧，同時修行，便能出三界苦，得涅槃樂了。

一〇、五戒是做人的準則乃至是成佛的正行

根據《大智度論》的看法，持戒可分下、中、上三等，上等戒又分三級，茲錄如下：「若下持戒生人中；中持戒生六欲天中；上持戒又行四禪四空定，生色、無色界清淨天中。上持戒有三種：下清淨持戒得阿羅漢，中清淨持戒得辟支佛，上清淨持戒得佛道。」[67]

這段文字是說，如果僅僅持戒，不論持何種等級的戒，只得生人間及生欲界天，享受五欲的福報；如能持戒，加修世間四禪、四空處的禪定，得生色界及無色界的禪天；若加修四聖諦及八正道，得阿羅漢果位；若於無佛之世加修十二因緣法，即得辟支佛果位；若加修六波羅蜜、四攝法等，發無上道心，便得成就無上的佛果。持戒是一切世間法及出世間法所共通的基礎，故稱五乘共法，上上人持戒，不能離棄下下人持戒的基礎。《大智度論》又針對在家人持五戒及八戒的功德高下，分作四等，稱為四種優婆塞[68]：

（一）下人持戒：為今世樂故，或為怖畏、稱譽、名聞故，或為家法，曲隨他意故，或避苦役求離危難故。

（二）中人持戒：為人中富貴、歡娛、適意，或期後世福樂。

（三）上人持戒：為涅槃故，知諸法一切無常故。……得離欲故，得解脫；得解脫故，得涅槃。

（四）上上人持戒：憐愍眾生，為佛道故，以知諸法求實相故，不畏惡道、不求樂故。

五戒的前四戒與印度其他各宗教的五戒有共通處，甚至跟基督教摩西十誡的後五誡，也有共通處。中國古人例如天台智者大師（西元五三八—五九七年）的《仁王經疏》卷二，則將佛教的五戒，配合儒家的五常來解釋，次第是不殺生為仁，不偷盜為智，不邪淫為義，不妄語為信，不飲酒為禮❻❾。不論其配合的認識，是否恰當，這種想法的出發點是正確的。那就是說明一樁事實：佛教的五戒，除了不飲酒戒是其獨特處之外，其餘四戒，乃是世間人類共通的常理、常法、常情，凡是人，不論在何時何地，都應當遵守，而且必須遵守。否則於己於人，都會隨時隨地失去安全保障。比如說，一個正常善良的人，卻不願承諾自己不會殺人、不會偷盜、不會亂淫他人的妻子或丈夫、不會欺詐，那豈不是一個很可怕很危險的人物了嗎？

至於不飲酒戒，因為飲酒成癮，便是酒精中毒，便會惹事生非，便可能借酒發瘋、借酒壯膽，以致做出殺、盜、淫、妄等的種種壞事，故與佛教徒的修行生活相互牴觸，與禪定、智慧、解脫、涅槃，背道而馳。在經律論的聖典中，特別標出飲酒的壞處，有十過、三十六過、三十五失等的詳細說明[70]。由此可知，佛教的五戒，不僅是做人的準則，乃至也是如太虛大師（西元一八九〇—一九四七年）所說「人成佛即成」的正行、正因。

五戒是世間善法、出世間善法，乃至無上菩提的共同基礎，正如西藏密乘的大成就者宗喀巴大師（約為西元一三五七—一四一九年）所說：「應以下下律儀為依，受上上者，委重護持圓滿學處。」[71]也正所謂百丈高樓從地起，守持下下層律儀的人，雖然不及上上層律儀的視野，守持上上層律儀的人，必定要將立腳處，落實在下下層律儀的起步點上。因此，僧俗七眾的別解脫戒，乃至菩薩戒，都是以五戒的前四戒，為最重要的根本戒。在家的優婆塞及優婆夷，至少當受五戒及十善戒，進而於六齋日受持一日一夜的八關戒齋，以便以在家身來體驗離欲的出家生活。出家戒中的沙彌十戒，比丘戒及比丘尼戒的五篇七聚，菩薩戒的三聚淨戒、十善戒及十無盡戒，無不皆以五戒的前四戒為其根幹，為其核心。可知，建設人間淨土運動的普遍推廣，必須宣導人人受持五戒的重要性。縱然不強調學佛修行，僅做一個健康正常的人，也該要遵守五戒的身不作惡行，口不出妄語，也要酒毒不沾唇。

不過希望要一般人來受戒不易，受戒之後不犯戒、不退戒，也不容易。因此在《阿毘達磨法蘊足論》卷一〈學處品〉72、《優婆塞戒經》卷三73、《大智度論》卷十三74、《目連問戒律中五百輕重事經》卷下75等經論的記述，都說五戒可以分條受持。依據《大智度論》的說法：「五戒有五種受，名五種優婆塞：一者一分行優婆塞，二者少分行優婆塞，三者多分行優婆塞，四者滿行優婆塞，五者斷婬優婆塞。」[76]

然在《優婆塞戒經》卷三所說，與《大智度論》略異。該經謂：受三皈不受五戒者名優婆塞，受三皈受持一戒者名一分，受三皈受持二戒者名少分，受三皈受持三戒者名多分，受三皈受持四戒者名多分，受三皈受持五戒者名滿分。[77]在《目連問戒律中五百輕重事經》卷下，更說五戒除了可以「隨意多少」受，也可以隨意地但受五日、十日、一年、二年。又說：五戒若不能持，得（退）還。[78]像這樣的「隨意」受持五戒，給了在家居士寬大的彈性空間。從另一面來看，這也顯現了佛教戒律的活用性及適應性。

如果僅受持五戒，也有大功德，乃至成佛道。所以《大智度論》稱五戒功德為「五大施」，且以不殺生為「最大施」[79]。《大正藏經》第十六冊八一三頁，也有一種很短很短的《佛說五大施經》，僅一百多字，其內容是：受持五戒即是做大布施，布施有三種：財施、法施、無畏施。受持五戒，即是大施無畏：「由彼無量有情，得無畏已，無怨、憎害已，乃於天上人間，得安隱樂。」[80]

五戒為五大施，若僅受持其中的一戒，便是對於一切眾生做了一項無畏的大布施，乃至僅於一日至五日之中，受持五戒中的任何一戒，也是一種無畏的大布施。受持五戒的功德[81]，近則可得現實生活中的健康、平順、和樂；中則依其功德的大小，來生可於天上人間，享受安穩快樂；遠則能夠成為出世的資糧，乃至種下成佛的正因。所以，五戒雖是世間的共通道德，若把它當作佛制的戒律受持，意義則大不相同於世間的道德了[82]。

二、結論

戒律給人的印象是繁瑣、保守，不合時宜、不近人情的形式主義。但是根據本文的探討所見，有關佛陀制戒的目的、過程、原則，已相當明瞭，戒律原來是相當簡樸和親切的，而且本來就是具有彈性的，遇高則高，逢低即低；能簡則簡，須繁即繁；當守則守，宜捨即捨。豈可被指為不合時宜、不近人情的形式主義！

從僅有一偈四句的七佛通戒，演為八正道，漸次增設為五戒、八戒、十戒、比丘戒、比丘尼戒，乃至菩薩的三聚、十善、十無盡戒及諸輕戒，它們的作用、性質、功能，雖有廣略、僧俗、深淺之別，它們的目的和原則，都是相同的，那就是正法久住，淨化人間。雖然說，比丘有三千威儀八萬細行，《大智度論》也說：「復次是戒，略說則有八萬，廣說則無量。」[83]可是並沒有強制所有的人，一律要受持哪一類戒，或僧或俗，或多或少，或暫或久，都可以自由選擇。不幸的是，能夠直探佛陀制戒本懷的人不多，以致有部分人，重視戒律，卻是拘泥於繁瑣的形式，一部分人，專重定、慧的修證或重隨俗的利生而不重毘尼了[84]。

回憶一九九〇年元月，在中華佛學研究所主辦第一屆「中華國際佛學會議」的綜合檢討大會上，有幾位先進學者，知道我曾研究戒律，鼓勵我改革已經形同僵化的戒律。我當然沒有那樣的能耐，我根本不可能編集出一部會被大家永遠認同和普遍應用的戒律書來。

不過，筆者從一九六五年出版《戒律學綱要》一書以來，斷斷續續，做著研究戒律及復活戒律的工作。我是著眼於戒律的通俗性及實用性，強調時空的適應性及人間性。那便是回歸佛陀制戒的本懷：塑造健全的人格，經營健康的環境，建立清淨的僧伽，淨化人類的身心，展現人間的淨土。至於如何靈活地運用戒律，我只能提供了若干消息，做為參考，並請指教[85]。

（本文曾於一九九七年七月十九至二十一日「第三屆中華國際佛學會議」口頭發表）

附記：本文撰成於一九九六年十二月十八日紐約東初禪寺，由於老、衰、病、忙，寫寫停停，起早待晚，費時二週始畢。

註解

❶《大正藏》四十四．四六八頁上。將五分法身的「戒」名為解脫。彼云：「涅槃解脫，名為木叉（波羅提木叉）。」又云：「戒是正順解脫之本，故名波羅提木叉也。」

❷《大正藏》二十五．一五三頁中。

❸《大正藏》二十四．一〇二〇頁中。

❹《大正藏》二十四．一〇一七頁上。

❺平川彰博士《律藏の研究》舉出長井真琴博士所編，此經是《十誦律》中四波羅夷法及波逸提法中的不飲酒條，合譯集成的單行本。（東京山喜房佛書林刊行）

❻（一）《中阿含經》卷五十五，《大正藏》一．七七〇頁上—七七一頁上。

（二）《長阿含經》卷二十，有每「半月三齋」的規定，即是八日、十四日、十五日、二十三日、二十九日、三十日，每月以此六天，守八條戒，稱八戒齋日。《大正藏》一．一三四頁中—一三五頁上。

❼《五分律》卷十八有云：「時諸居士，布薩日持時食、時飲、七日藥、終身藥，至僧坊供養，欲聽法、受八分戒。」（《大正藏》二十二．一二三頁中）

❽參考拙著《戒律學綱要》第四篇。

❾參考拙著《戒律學綱要》第五篇第一至四章。

❿參考拙著《戒律學綱要》第五篇第五章。

⑪參考拙著《戒律學綱要》第六篇。

⑫（一）參考拙著《戒律學綱要》第七篇第二章。

（二）參考拙著《菩薩戒指要》第二篇〈從三聚淨戒論菩薩戒的時空適應〉，第三篇〈十善業道是菩薩戒的共軌〉。

⑬（一）參考拙著《戒律學綱要》第四篇第三章。

（二）參考土橋秀高博士著《戒律の研究》第一冊九八六頁及第二冊八十三頁，京都：永田文昌堂，一九八〇年。

⑭《大正藏》二十四．八〇一頁上。

⑮《大正藏》二十四．一〇七八頁上—中。

⑯《大正藏》二十四．六七六頁上。

⑰《大正藏》二十四．八四二頁上。

⑱日譯《南傳大藏經》六．九十五頁。

⑲《大正藏》二．七十五頁下—七十六頁上。

⑳（一）《大智度論》卷四十六，《大正藏》二十五．三九五頁下，有云：「若佛出好世，則無此戒律，如釋迦文佛，雖在惡世，十二年中，亦無此戒。」

（二）《摩訶僧祇律》卷一，《大正藏》二十二．二二七頁下，有云：「如來不以無過患因緣而為弟子制戒、立說波羅提木叉法。」

（三）參看本文第八節的註52，徵引《增一阿含》的經文。

㉑《五分律》卷一，《大正藏》二十二．一頁下—二頁上。

㉒《五分律》卷一，《大正藏》二十二．三頁中。

㉓（一）《五分律》卷一，《大正藏》二十二．三頁中—下。
（二）《四分律》卷一，《大正藏》二十二．五七〇頁下。
（三）日譯《南傳大藏經》一．三十二頁。

㉔諸部大律的波羅夷法第一條結戒因緣，都有類似的記述。

㉕日譯《南傳大藏經》五十九上．一五六頁。

㉖日譯《南傳大藏經》五十九下．一〇二頁。

㉗《大正藏》二十二．一五三頁上。

㉘例如《五分律》卷二十二有云：「爾時世尊，與大比丘僧千二百五十人俱，遊行人間，到跋提城。」（《大正藏》二十二．一五〇頁下）；《長阿含經》卷十四《梵動經》第二、卷十五《種德經》第三、卷十六《三明經》第七等各處，都有佛與大比丘眾千二百五十人俱「遊行人間」的記述。

㉙《五分律》卷一，《大正藏》二十二．二頁中。

㉚《五分律》卷十七，《大正藏》二十二．一一七頁上。

㉛《五分律》卷十五，《大正藏》二十二．一〇五頁中—下。

㉜《五分律》卷一，《大正藏》二十二．二頁下。

㉝《根本說一切有部毘奈耶雜事》卷三十二，《大正藏》二十四．三六六頁中—三六九頁上。我也曾根據此一資料，編寫了一篇故事小說〈法與姑娘〉，收集在拙著《聖者的故事》第十二篇。

❸❹（一）道宣律師（西元五九六—六六七年）的《四分律刪繁補闕行事鈔》卷下四「沙彌別行篇」，《大正藏》四十．一四九頁下。

（二）元照律師（西元一〇四八—一一一六年）的《四分律行事鈔資持記》卷下四「釋沙彌篇」，《大正藏》四十．四一九頁中。

❸❺《摩訶僧祇律》卷三，《大正藏》二十二．二四二頁下—二四三頁上。

❸❻《四分律》卷一，《大正藏》二十二．五七三頁下。

❸❼《長阿含經》卷四《遊行經》，《大正藏》一．二十六頁上。

❸❽《大正藏》二十四．六七三頁下。

❸❾《大正藏》二十四．六七四頁下—六七五頁上。

❹⓪「小小戒」在《毘尼母經》卷三，稱為「微細戒」，阿難與大迦葉之間，關於此事的對話，原文如下：「（阿難）親從如來邊聞如是說：吾滅度後，應集眾僧，捨微細戒。迦葉還問阿難：汝親從如來聞如是語，微細戒者，何者是？阿難答言，當爾之時，為憂苦惱所逼、迷塞，遂不及問。迦葉即訶阿難：汝所語非時，先何不問世尊，今乃言不問！」經與會諸比丘討論，莫衷一是，大迦葉便說：「汝等所說，皆未與微細戒合。隨佛所說，當奉行之，佛不說者，此莫說也。」（《大正藏》二十四．八一八頁中）日譯《南傳大藏經》四．四三〇—四三三頁，也有類似的記述。

❹❶參閱拙作〈什麼叫作小小戒？〉，收於《律制生活》。

❹❷日譯《南傳大藏經》五十九上．三〇〇頁。

❹❸同上。

44《景德傳燈錄》卷六，《大正藏》五十一·二五一頁上。

45（一）同上。

（二）《宋高僧傳》卷十，《大正藏》五十·七七〇頁下，也有類似的記載：「海曰：吾於大小乘中，博約折中，設規，務歸於善焉。」

46《五分律》卷十五，《大正藏》二十二·一〇五頁中。

47《大正藏》二十四·八〇二頁中。

48《大智度論》卷十三，《大正藏》二十五·一五三頁中。

49《大智度論》卷四十六，《大正藏》二十五·三九五頁中。

50《瑜伽師地論》卷四十有云：「云何菩薩一切戒？謂菩薩戒略有二種：一在家分戒，二出家分戒，是名一切戒。又即依此在家出家二分淨戒，略說三種：一律儀戒，二攝善法戒，三饒益有情戒。」（《大正藏》三十·五一一頁上）

51（一）〈從三聚淨戒論菩薩戒的時空適應〉原刊《中華佛學學報》第六期。

（二）〈十善業道是菩薩戒的共軌〉原刊《中華佛學學報》第八期。

此二篇現收於《菩薩戒指要》。

52《增一阿含經》卷四十四，《大正藏》二·七八七頁中。下文接著又說：「十二年中，說此一偈，以為禁戒。以生犯律之人，轉有二百五十戒。」

53（一）《大正藏》二·七八六頁下—七八七頁中。

（二）參考平川彰博士《律藏の研究》三六八—三七四頁「律藏序分と過去七佛」。

54（一）《大正藏》二·五五一頁上。

（二）中華佛學研究所釋真慧的畢業論文《七佛通誡偈思想研究》。臺北東初出版社出版。

55 《大正藏》二・五五一頁上。

56 《法華玄義釋籤》卷四，《大正藏》三十三・八四三頁下。

57 參閱拙作《戒律學綱要》第三篇第一章第一節。

58 《四分律》卷三十二，《大正藏》二十二・七八九頁下。

59 《四分律》卷三十二，《大正藏》二十二・七八八頁下。

60 《四分律》卷三十一，《大正藏》二十二・七八二頁上。

61 《四分律》卷三十二，《大正藏》二十二・七八八頁下。

62 同上。

63 藏傳佛教，有宗喀巴大師的《菩提道次第廣論》，漢傳佛教有印順大師的《成佛之道》可做代表。

64 日譯《南傳大藏經》六十二・十九—二十頁。所說持戒的五種功德是：1.因不放逸，得大財聚；2.得揚善名；3.親近大眾時，得無怖畏羞慚；4.臨命終時，得不昏昧；5.此身死後，得生善趣天界。

65 （一）《南傳大藏經》十七・九十七—九十八頁。《中阿含經》卷五，《大正藏》一・四四八頁下。

（二）《南傳大藏經》十七・三五九—三六〇頁。《雜阿含經》三十三・九三四，《大正藏》二・二三九頁上。

(三)土橋秀高博士《戒律の研究》四頁。

66 《大正藏》一．十七頁中。《南傳大藏經》七．九十八—九十九頁，也有相同的說法。

67 《大智度論》卷十三，《大正藏》二十五．一五三頁中。

68 同上，一六〇頁下。

69 《大正藏》三十三．二六〇頁下—二六一頁上。

70 (一)飲酒十過，見《四分律》卷十六，單提五十一條。《大正藏》二十二．六七二頁上。

(二)飲酒三十六過，見《分別善惡報應經》卷下，《大正藏》一．八九九頁中—下。

(三)飲酒三十五失，見《大智度論》卷十三，《大正藏》二十五．一五八頁中。

71 法尊法師譯《菩提道次第廣論》卷五之文末，一六九頁，臺北佛教書局出版。

72 《大正藏》二十六．四五四頁上。《阿毘達磨法蘊足論》所持意見，與《優婆塞戒經》所說的大致相同。

73 《大正藏》二十四．一〇四九頁上。

74 《大正藏》二十五．一五八頁下。

75 《大正藏》二十四．九九四頁中。

76 《大正藏》二十五．一五八頁下。

77 《大正藏》二十四．一〇四九頁上。

78 《大正藏》二十四．九九四頁上。

79 《大正藏》二十五．一五五頁下。

80 《大正藏》十六．八一三頁中—下。

81 參考拙著《戒律學綱要》第三篇第二章。

82 《長阿含經》卷十六《倮形梵志經》有云：「佛告迦葉：諸世間諸所有戒，無有與此增上戒等者。」（《大正藏》一．一〇四頁上）

83 《大正藏》二十五．一六二頁下。

84 印順長老的《契理契機之人間佛教》三十五頁有云：「在律制的原則下，不能沒有因時因地的適應性。可惜在佛法流傳中，重律的，拘泥固執，漸流於繁瑣形式。而一分專重修證、或重入世利生的，卻不重毘尼，不免形同自由的個人主義。」

85 聖嚴本人所著關於戒律研究的作品有：1.《戒律學綱要》，2.《菩薩戒指要》，3.《律制生活》，4.〈正法律中的僧尼衣制及其上下座次〉。其中1.、2.、3.三種，由臺北法鼓文化發行，第4種收於《學術論考》中。

人間佛教的人間淨土

一、提要

世尊成道，是為救濟人類生、老、病、死的苦惱，成道之後便開始將他證悟的佛法分享人間。初度五比丘皆證阿羅漢果，立即付囑他們，遊化人間，分頭弘法。

修行三祇百劫的聖道而成佛，其起點的初發心菩薩，主要是人間身的凡夫。修行西方阿彌陀佛的淨土法門，雖以信心、持名、發願往生為基本條件，但在《觀無量壽經》及《無量壽經》，均另有三福淨業等的往生因行。

中國的禪宗引用《維摩經》的「隨其心淨則佛土淨」，主張心淨即是西方。由於《觀無量壽經》有「是心作佛，是心是佛」句，演成禪宗有唯心淨土的信仰，但能悟心，便在淨土。中國宋初的永明延壽依據《華嚴經‧梵行品》的「初發心時便成正覺」，因此倡導「一念成佛」，一念即生淨土。

本文除將中國淨土思想的發展，做了探源性的介紹之外，特別依據《大般若經》的成熟眾生嚴淨佛土，《法華經》的世尊即以此界為淨土，《維摩經》的直心是淨土，太虛大師的人間淨土，印順長老的人間佛教，綜合而成法鼓山建設人間淨土的思想脈絡：眾生（人）的心清淨而行為清淨，個人的身、口、意清淨而影響所處的社會環境清淨。在做往生佛國、嚴淨佛土的準備工夫階段，先要在人間自利利人，便是建設人間淨土。

二

本文所說的人間佛教，不是主張佛教僅僅屬於人間的宗教，而是說佛陀喬答摩教化的環境，主要是在人間。

本文所說的人間淨土，不是要否定他方佛國淨土的信仰，而是說十方三世諸佛國土的成就與往生，必須從人間的立場做起。

佛教發源於印度，那是一個宗教氣氛極濃的社會，世尊對於印度宗教的改革，乃是多方面的。主要的是以緣起緣滅的因緣法，取代了神造宇宙或神即是宇宙的梵我思想；也以五戒十善的倫理實踐，取代了祭祀主義的宗教行為。從以信仰神的權威，到因緣觀的建立，從以對於神格的崇拜，到人間性的肯定，便是人間佛教的意思。

淨土思想，雖未見於阿含部，但在《中阿含經》、《長阿含經》、《增一阿含經》之中，都曾介紹北俱盧洲鬱單越的依、正二報，勝過我們的南閻浮提，尤其多處提及當來彌勒佛下生人間之時的景象，以及轉輪聖王出現於世之際的人間環境設施，都是後來大乘佛教淨土信仰的基礎。

世尊住世時代的出家弟子之中，可以分為隱遁及遊化的兩種型態：性喜隱遁者稱為阿蘭若比丘，樂於遊化者稱為人間比丘。他們的生活資源，雖然同樣依靠沿戶托缽，前者單人獨居的時間多，後者群居共住的時間多，佛法之所以能夠廣被人間，則以後者的貢獻為多。因此，當世尊於鹿野苑初度五比丘，當五人都已證得阿羅漢之後，便付囑他們，個別分道，弘揚佛法於人間社會，而云：「諸比丘，汝等人間遊行，勿二人共行。」❶世尊自己也是如此，當他在菩提樹下成道之後不久，便受梵天的請求，開始了他的弘化人間的行程，直到涅槃為止，還在諄諄善誘地，付囑弟子們當勤精進，實踐佛法並且傳持佛法於此世間，勿使斷絕❷。所以佛在世間以人間身出現，觀察到人間不論是誰，都不能免於生、老、病、死的四種根本苦難，毅然出家求道修道，希望為人間大眾悟得解脫之道。經歷六年成道，悟得緣起的佛法。告誡人間大眾，依此自利，並且利益他人，便是人間佛教。

三

至於佛國淨土的思想及其信仰，乃是中國大乘佛教共同的理想，雖然對於淨土的歸趣和認識，諸家各有不同的主張，大致上說，佛國淨土，並不是在人間，雖然《法華經》的靈山淨土，不離娑婆世界[3]，一般的人間凡夫卻是見不到的。雖然《增一阿含經》的〈十不善品〉說過去七佛，以及當來的彌勒佛，都在人間成佛，人壽以及人間的道德水準，均比世尊化世的人間環境優勝極多[4]。是故我們所居住的環境，絕對是所謂五濁惡世的穢土，所以稱為娑婆世界。凡謂淨土，一定是指的他方佛國，或者是此界兜率內院的彌勒淨土，或者等待彌勒未來下生，龍華三會，始能見到人間淨土[5]。

至於他方佛國的資料比較俱全的有東方的阿閦佛[6]，尤其是西方的阿彌陀佛極樂國土，除了主要的淨土三部經[7]外，在《大藏經》中也是被許多經論所介紹讚歎的一個佛國淨土；中國及日本的淨土宗及真宗，也都是以阿彌陀佛的淨土為信仰的歸屬處。由於自力的聖道門，要修三祇百劫方得成佛，通過十信三賢始能見道而入初地菩薩位，在三賢位之前的信位菩薩，很難有自主的把握，經常退退又進進，一不小心，或墮聲聞、辟支佛地。因此，在龍樹菩薩的《十住毘婆沙論》卷五〈易行品〉❽，提出了念佛方便門，而說：「若菩薩欲於此身得至阿惟越致（不退轉）地，成就阿耨多羅三藐三菩提者，應當念是十方諸佛，稱其名號。」乃是總念過去、未來、現在諸佛，恭敬禮拜，並應憶念諸大菩薩。西方阿彌陀佛的本願，則被特別提出❾。所謂彌陀本願，此在彌陀淨土的聖典之中，有詳細說明。

不過，往生西方極樂世界，是否等於最高的淨土，也有爭論，由於阿彌陀佛的本誓悲願，能救一切根性的眾生往生彼國，包括犯了十惡五逆的人❿。這樣的人，一旦往生彼國，如果能夠立即位登不退轉地，是會令人懷疑。比起東方阿閦佛國尚有男女性別，彌陀淨土全是蓮花化生的諸上善人，當然更加可稱為淨土，但那究竟屬於何等層級的淨土，學派之間依然有不同的看法，例如中國天台宗的智者大師，將淨土分為四等：1.凡聖同居土，2.方便有餘土，3.實報無障礙土，4.常寂光土。彼在《淨名經疏》，把極樂世界判屬第一類的凡聖同居土⓫。既不是二乘聖者所居的方便土，更不是初地以上菩薩所居的報土，當然不會是諸佛法身所居的寂光土了。如果依據《仁王般若經》卷上所說偈示：「三賢十聖住果報，唯佛一人居淨土；一切眾生暫住報，登金剛原居淨土。」⓬就此標準來看極樂世界，當然不算是淨土。

四

由諸大乘經論所講的淨土，必定是十方諸佛所居國土，有的是為成熟有情而以願力所成的淨土，例如阿彌陀佛的極樂國土；多半是由於成熟無量眾生的功德，而嚴淨諸佛的國土。

但是也有世尊於穢土成佛的事實，過去七佛及未來的彌勒佛，也都於此穢土成佛，甚至《增一阿含經》曾說：「諸佛皆出人間，終不在天上成佛。」⑬晉譯《華嚴經》第一卷的開頭便說：「如是我聞，一時佛在摩竭提國寂滅道場，始成正覺，其地金剛，具足嚴淨。」⑭《維摩經．佛國品》，亦有螺髻梵王語舍利弗言：「我見釋迦牟尼佛土清淨，譬如自在天宮。」「於是佛以足指按地，即時三千大千世界，若干百千珍寶嚴飾，譬如寶莊嚴佛無量功德寶莊嚴土。……佛語舍利弗：我佛國土常淨若此，為欲度斯下劣人故，示是眾惡不淨土耳。」⑮此也可與《法華經．如來壽量品》所說：「於阿僧祇劫，常在靈鷲山，及餘諸住處。……我此土安隱，天人常充滿……我淨土不毀。」⑯因此可說：釋迦如來的淨土，的確就在人間，只要信願行具足，便見自身即在佛國淨土。故於《法華經．方便品》亦云：「若人散亂心，入於塔廟中，一稱南無佛，皆已成佛道。」又云：「若有聞法者，無一不成佛。」⑰這是告訴我們，當有信心：世尊的淨土不離此娑婆世界的穢土，乃至僅僅進入佛寺，一稱南無佛，或者聽聞佛法者，都有機緣成佛，見此世尊的淨土。

由於世尊的淨土，雖應當信為事實，都不是凡夫所能得見，就有中國諸家學者對於淨土的分類，產生各種不同的看法，此於望月信亨博士所撰《中國淨土教理史》一書中，有詳細的介紹，其目的雖為阿彌陀淨土的判屬報土或化土而做討論，但也涉及釋迦及彌勒二佛的此一國土，是淨是穢，或報或化的問題。天台智者大師將此土及阿彌陀佛的西方世界，均判屬四種淨土中的第一類「凡聖同居土」；不過，西方阿彌陀淨土是同居土中的淨土，此界為同居土中的穢土。兩者皆為應化身佛所居淨土，因此另有學派如善導大師主張，凡夫得入報土⑱。但是淨土諸家對此娑婆世界，從未有人承認即穢土是淨土的。

五

於中國佛教史上，無法見到人間即是淨土之說，卻能見到自性彌陀及唯心淨土的思想。主要是出於禪宗的看法。

首先從禪宗四祖道信禪師的〈入道安心要方便法門〉引用《觀無量壽經》第八觀的經文：「諸佛法身，入一切眾生心想，是心作佛。」⓳因此斷定：「當知佛即是心，心外更無別佛也。」⓴此為借用彌陀淨土的主要經典之說，以之證明淨土的諸佛，不出於此心的所想所念，若信此心即是佛，何必別向心外求佛求淨土？以此與《觀無量壽經》的經文並讀：「諸佛正遍知海，從心想生，是故應當一心繫念，諦觀彼佛、……想彼佛者，先當想像，閉目開目，見一寶像，如閻浮檀金色，坐彼華上。」㉑可知《觀無量壽經》的原意，是以心想觀阿彌陀佛寶像，此心即與佛相即相應，乃是由於佛的法界身，進入觀想者的心想之中，並不等於禪宗所說自性佛，也不等於法身無相的即心即佛。類此的經文，在第九觀中，亦有幾句：「但當憶想，令心明見，見此事者，即見十方一切諸佛；以見諸佛故，名念佛三昧。作是觀者，名觀一切佛身；以觀佛身故，亦見佛心，諸佛心者，大慈悲是。」㉒彼經所言念佛三昧者，即是以心之眼，得見十方諸佛之光明相好身，乃是一種有形相的觀想方便，非指遍一切處的法性身佛；又以觀佛光相身故，亦以心之眼，得見佛的大慈悲心，也不是見的法界無差別相的理體法身，而是感受到諸佛大慈大悲的利生功德。可是站在禪宗的立場，來看《觀無量壽經》的「是心作佛，是心是佛」，解釋成為「心外更無別佛」了。道信禪師所謂的「心」，是指的眾生與佛同等不二清淨無相的心體[23]。《觀無量壽經》是站在修行者的立場而說的有內有外之凡夫心。

因此，《觀無量壽經》的淨土是指方立向的極樂世界，道信禪師的淨土，則是泯然無相的法性身土[24]。道信禪師的理解目的，雖然不會受阿彌陀佛淨土學者們所接受，卻是很受中國禪宗學者們的歡迎。到了禪宗六祖惠能大師的《六祖壇經》，便主張：「心但無不淨，西方去此不遠，心起不淨之心，念佛往生難到。」又說：「若悟無生頓法，見西方只在剎那。」復云：「內外明徹，不異西方。」[25]

禪宗的淨土思想是著重於清淨的本心所顯的真如自性，諸佛與眾生心中的自性平等不二，眾生亦未離諸佛的嚴淨妙土。迷者向心外求佛求淨土，悟者頓悟自心是佛，自心作佛，當下未離嚴淨的佛土。此與《楞伽經》、《法華經》、《涅槃經》、《華嚴經》、《般若經》，尤其是《維摩經》等諸經的思想是一致的。故於《六祖壇經》，引用以上諸經經文[26]，發揚見性成佛，不異西方之說。不過，《六祖壇經》所說的淨土，絕對不是阿彌陀佛淨土三部經的淨土，而是如其所引：「《淨名經》（《維摩經》）云：即時豁然，還得本心。」又云：「直心是道場，直心是淨土。」[27]經文的「本心」及「直心」，都是明心見性的悟境，頓悟成佛的佛是理體的法性空慧之身，直心也是法身遍在的諸法實性淨土[28]。此於《維摩經．佛國品》的原文所載，乃是由於長者子寶積，問釋迦世尊，如何是諸菩薩的淨土之行？也同於《大般若經》處處都說的菩薩摩訶薩如何嚴淨佛土，成熟有情，主要是問的淨土的因行。所以佛說：「直心是菩薩淨土，菩薩成佛時，不諂眾生來生其國；深心是菩薩淨土，菩薩成佛時，具足功德眾生來生其國；菩提心是菩薩淨土，菩薩成佛時，大乘眾生來生其國。」下舉修行布施、持戒、忍辱、精進、禪定、智慧等六度是菩薩淨土，四無量心、四攝、三十七道品、十善等道法，都是菩薩淨土之因，乃至「隨其方便則成就眾生；隨成就眾生則佛土淨；……隨其心淨則佛土淨」㉙，此與《六祖壇經》所理解的「直心」即是「心不住法」的「本心」或真如心，是略有差距的。「直心是淨土」，是淨土的因行，類似《大般若經》為了淨佛國土，必當成熟有情，所以成熟有情，發菩提心行菩薩道，即是嚴淨佛土。因行與果德是互相呼應的。不過，禪宗以「豁然」開悟，「還得本心」，看作當下見性，立即成佛，此人便處於淨土，也是沒有錯的，那與《華嚴經》、《法華經》所說是相通的。因此可知，佛經中的淨土，至少有五類：1.以佛的神力顯示者，如《維摩經．佛國品》釋迦世尊以足指按地，顯示舍利弗尊者是。2.以佛的功德圓滿，雖居此穢土，佛所見者乃是淨土，如《華嚴經》、《法華經》等經所說者是。3.以菩薩摩訶薩的修行功德、成熟有情所完成者，如《般若經》、《維摩經》等經所說者是。4.以佛的弘誓願力及其所修功德完成者，如阿彌陀佛的淨土三部經所說者是。5.以眾生自悟自證，明心見性所得者，如禪宗的

《六祖壇經》者是。前四類是報身報土，第五類是法性身土。

六

不論是哪一類淨土，因行都很重要。若依自力修行聖道門者，修六度萬行，歷三祇百劫，始能如《仁王般若經》所說的：「唯佛一人居淨土。」意思是說，三賢十聖的菩薩，都是不夠純淨的，唯到成佛，才入淨土。

若依他力念佛門者，《十住毘婆沙論．易行品》說，仗阿彌陀佛等的諸佛大悲願力，依法發願，以信心方便，即得疾至不退轉的阿惟越致；其方法乃是念十方諸佛，恭敬禮拜稱其名號，亦應憶念諸大菩薩。特別提示：「阿彌陀佛本願如是：若人念我，稱名自歸，即入必定得阿耨多羅三藐三菩提，是故常應憶念。」30 根據《阿彌陀經》，當持念阿彌陀佛名號，一日乃至七日，達一心不亂，臨命終時，即得彌陀接引往生極樂國土，僅以持名念佛，為淨土生因；《觀無量壽經》有九品生因之分，《無量壽經》亦有三輩生因的條件。

可知，阿彌陀佛的淨土方便門，唯有《阿彌陀經》僅說持名念佛名號，一心不亂即得往生彼國㉛，《十住毘婆沙論》則除稱名念佛，亦應恭敬禮拜並念諸大菩薩名號。《觀無量壽經》及《無量壽經》都說除了僅靠念佛名號，最少可得下品往生，至於欲求上品、中品往生，必須另修附帶的項目。這也就是在尚未往生淨土之前，必備往生淨土的資糧，是故凡為修行彌陀淨土法門的人，都會在其生前熱心於各項資糧的福業，也與依自力而修聖道門的發心菩薩相同，必須經營自利利他的事業。

例如《觀無量壽經》於佛教授十六種觀法之先，即標出：「欲生彼國者，當修三福」：1.孝養父母，奉事師長，慈心不殺，修十善業。2.受持三皈，具足眾戒，不犯威儀。3.發菩提心，深信因果，讀誦大乘，勸進行者。「如此三事名為淨業。……此三種業，乃是過去、未來、現在，三世諸佛，淨業正因。」㉜此三福淨業，已涵蓋了人間共通的倫理德目，如對父母及師長的孝養與奉事；三皈、十善、眾戒、威儀，已是僧俗七眾律儀，並且包羅了菩薩的三聚淨戒在內；慈心、菩提心、信因果、誦大乘、勸進行者，則為自利利他菩薩行的內容。由此明瞭，彌陀淨土的因行，與自力聖道門的範圍，並無二致。所不同者，是即生求生彼國，成就阿惟越致不退轉位，不用歷經初阿僧祇劫方登無生法忍位。《觀無量壽經》的九品往生，上上品因是：除了已說三福淨業，又說 1. 當發三種心：⑴至誠心，⑵深心，⑶迴向發願心。2. 復有三種：⑴慈心不殺，具諸戒行；⑵讀誦大乘方等經典；⑶修行六念，迴向發願，願生彼國。中品上生之因：受持五戒、八戒，不造五逆，無諸過患；下品上生之因：命欲終時，遇善知識，為說大乘十二部經首題名字，合掌稱念彌陀佛號㉝。

再如《無量壽經》的 1. 上輩生因：⑴捨家棄俗做沙門，⑵發菩提心，⑶一向專念無量壽佛，修諸功德，願生彼國。2. 中輩生因：雖不必出家做沙門修大功德，但須：⑴當發無上菩提心，⑵一向專念無量壽佛，⑶多少修善，奉持齋戒，起立塔像，飯食沙門，懸繒然燈，散華燒香，以此迴向，願生彼國。3.下輩生因：⑴當發無上菩提心。⑵一向專意，乃至十念，念無量壽佛，願生其國。⑶若聞深法，歡喜信樂，不生疑惑，乃至一念念於彼佛，以至誠心，願生其國❸❹。修行彌陀淨土法門的人士，既然也以發無上菩提心，須修出離心、修慈悲心、修諸功德行，為淨土的生因，故在尚未命終之前，除了繫念憶念、念佛名號，或觀彼佛光明相好及其淨土莊嚴，此與一般佛法的修行禪觀方法及菩薩行願，應該是一致的。也就是說，佛在人間成佛，為人間說法，勸勉人類修行成佛之道，當從人間的基本善法做起。

因此，到了中國的宋初，有一位永明延壽禪師（西元九〇四—九七五年）倡導禪淨合習，主張萬善同歸❸❺，他自己每日持名念佛十萬聲，同時以日行一百零八件善事為恆課。他看到了禪宗修行，未必人人能得開悟，淨土宗念佛也未必能夠及時親臨淨土，所以在其所著《宗鏡錄》❸❻中主張：「凡聖所作，真俗緣生，此一念之心，剎那起時，即具三性三無性六義。」❸❼故亦常常提起「一念相應一念成佛，一日相應一日成佛」的觀照38。若悟真如妙心，已見真空佛性，此念即是無念的般若；若凡夫未悟，即以妄心念佛，此心亦與佛心相應，亦與佛身同處淨土；但能一念念佛，只此一念，縱然是散心，亦與佛心相應。

永明延壽對這樣的觀點，亦有申論：「三乘多約理成，或云法身即等，報化未圓，亦云一念成佛，皆從理說。今一乘宗，理事齊等。」39又云：「言久修善根者，即在三乘教攝，從三乘入一乘，即是一念，始修具足。故經云：初發心時，便成正覺。」40此乃依據晉譯《華嚴經．梵行品》所說：「初發心時，便成正覺，知一切法，真實之性，具足慧身，不由他悟。」41中國華嚴宗的圓教釋此經文，而謂始自十信位，乃至佛地，雖有六位不同，然得一位，隨得一切位，相即相入，主伴圓融，是故十信滿位，即得一切位及佛位。

《宗鏡錄》對於一念成佛論，著墨甚多，其所依據的聖典及宗義，便是《華嚴經》及華嚴宗的圓教。此對於凡夫學佛成佛的信念，是極大的鼓勵，也為在此娑婆世間提倡人間佛教及人間淨土的理念，提供了最好的理論基礎。已不像諸種淨土經典的淨土是在他方世界，早期禪宗的自性淨土唯在悟後能見。經過永明延壽大師的整合，便將對於淨土資糧的修行，付之日常行動，對於禪宗的見性成佛，演成為一念成佛，既然可從一般凡夫的妄心乃至散心念佛，即能「一念相應一念佛，一日相應一日佛」，也可以進而成為念念念佛，念念成佛；日日念佛，日日成佛。既可乃至一念成佛，當然也是於此日常生活中的一念，住於日常環境中的佛國淨土了。

七

佛法利益眾生，主要是救濟人類身心的種種苦惱。聞法之後如說修行的人，通常都會自己受用，也願與他人分享。因此，大乘佛法的六度四攝，均首重布施，菩薩以度化眾生為首要任務；《阿含經》中也鼓勵修布施行廣種福田，諸布施中以佛法布施為最上功德。是故《維摩經·菩薩品》云：「有法門名無盡燈，……夫一菩薩開導百千眾生（人），令發阿耨多羅三藐三菩提心，於其道意，亦不滅盡，隨所說法而自增益一切善法，是名無盡燈也。」[42]這是說，從初發心的菩薩，修學佛法，即有向他人宣揚所學的義務及責任，故於《金剛經》也說：若人以此般若波羅蜜經，乃至四句偈等，受持讀誦，為他人說的福德，不可以算數譬喻所能說明[43]。《大般若經》處處提示，菩薩摩訶薩，應當嚴淨佛土，成熟有情（眾生）。如何嚴淨佛土？「從初發心，乃至究竟，常自清淨身麤重、語麤重、意麤重，亦清淨他身麤重、語麤重、意麤重。是菩薩摩訶薩，清淨自他三麤重故，則能嚴淨所求佛土」[44]。如何成熟有情？若遇生活資具貧乏之者，先施予生活必需的物品，然後令其修持淨戒、行十善業道、六波羅蜜、三十七菩提分法、四聖諦、四禪八定、三解脫門，乃至具足十力、四無礙解、十八佛不共法，依其根性次第，使令證得聲聞、獨覺、無上正等菩提[45]。

《大般若經》常常說到，從初發心，乃至究竟，都應「能自饒益，亦能饒益一切有情」。也就是說，初發無上菩提心的凡夫菩薩，自身的身、語、意三業雖然尚未清淨，但能盡心盡力，一邊精勤於戒、定、慧等的無漏道業，一邊也不斷地懺悔改正麤重的行為；勉勵自己，同時勸勉他人，這便是能自饒益，亦能饒益他人的菩薩行。雖未登初地乃至八地以上的菩薩摩訶薩位，已是發的無上菩提心，當然亦已發了菩薩摩訶薩心。是故凡為初發心菩薩，均當能自饒益，亦能饒益一切有情。此對一般初學的凡夫，乃是極大的鼓勵，令之生起，能夠自利，亦能利人的信心。所以，實踐人間淨土的理念，應以初發心的凡夫菩薩群，為推動及推廣的基礎。

依據《大般涅槃經》卷十一說，菩薩摩訶薩應當於《大般涅槃經》，專心思惟五種行：一者聖行、二者梵行、三者天行、四者嬰兒行、五者病行46。聖行與梵行是菩薩思惟修習的；天行即是第一義天的如來行；嬰兒行亦是如來大行，示現無知、無說、無示，如初生嬰兒狀；病行是說，如來本無病，為化眾生故，示現病苦相。所以後三者是如來行，而囑菩薩摩訶薩皆當專心思量分別此五種行。

初發心的凡夫菩薩，雖然無從如實修此五行，但須專心思惟，常繫在心。見有他人現此五行者，應當視為菩薩摩訶薩以及諸佛的示現，應予平等尊敬，不得怠忽輕慢。如果自身有病乃至癡呆無知而如嬰兒者，亦當自信是「一念成佛」的初發心菩薩。所以我亦常用嬰兒行菩薩及病行菩薩來稱呼初發心者，勸勉大家不用為了經常無知犯錯或身心不夠健康而自暴自棄。只要知過改過，知病療病，並且以之勸勉他人發菩提心，便是菩薩行者。

八

人間佛教及人間淨土的名詞，在中國佛教史上，的確是未曾出現過。然到二十世紀之初，便有中國佛教的大改革家太虛唯心（西元一八九〇—一九四七年），提出人生佛教以及人間淨土的構思，他於三十九歲時撰〈即人成佛的真現實論〉，主張：「仰止唯佛陀，完就在人格，人圓佛即成，是名真現實。」四十歲時講「人生的佛學」，然後又寫了一篇〈建設人間淨土論〉。至於如何建設人間淨土，他一再強調：「依佛十善等法而行，與三乘賢聖僧為友，即為造成人間淨土之因緣也。」其方法便是受持三皈、五戒、十善㊼，幾乎與《觀無量壽經》的三福淨業相同。可見太虛唯心希望建設的人間淨土，也是西方淨土的生因。由於現實的時代環境需要，建設人間淨土的號召，已在今日中國大陸及臺灣兩地，受到普遍的響應。即使有許多佛教徒根本不知道人間淨土的思想淵源及其理論依據，人間淨土這項運動，確是適合這個時代社會所需要的。

至於人間佛教，是由現猶健在於臺灣已有九十三歲高齡的印順法師（西元一九〇六年生），開始提出的，在他所撰《契理契機之人間佛教》中，有這樣的敘述：「在國難教難嚴重時刻，讀到了《增一阿含經》所說：『諸佛皆出人間，終不在天上成佛也』。」㊽便很感動。在他三十六歲（西元一九四一年）撰寫《佛在人間》㊾。他說諸佛在人間成佛的記載：「《阿含經》如此說，初期大乘經也如此說，正確的佛陀觀，是不能離卻這原則的。」又說：「人間佛教的論題，民國（西元一九二二年）以來，即逐漸被提起。」又說：「佛經說人身難得，佛法難聞，只有人最為難得，才能學佛」；「一切眾生都可成佛，但六道中真能發菩提心而修菩薩行的，唯有人。佛性功德，人身最為發達，所以人才能學佛成佛。」如何以人身學佛，他也主張當「從十善菩薩學起」㊿。以十善為菩薩行的看法，與大乘諸經論及歷來諸大師，幾乎完全一致[51]。印順法師一生從事佛法的探索，目的即是「使佛法能成為適應時代，有益人類身心的，人類為本的佛法」[52]。

其實，縱然是強調他力救濟，即生求生西方極樂世界的《無量壽經》，也認為此一娑婆世界是修學佛法得力最快的國土，甚至是要比生到彼國之後更好的修行環境，於該經卷下，即有釋迦佛告彌勒菩薩的經文：「汝今諸天人民，及後世人，得佛經語，當熟思之……布恩施惠，勿犯道禁，忍辱、精進、一心、智慧，轉相教化，為德立善，正心正意，齋戒清淨，一日一夜，勝在無量壽國（極樂世界），為善百歲。……於此修善十日十夜，勝於他方諸佛國中，為善千歲。」於此界以人間身修行善法，一日一夜功德，勝過生於極樂國土修善百年，十日十夜，勝過他方佛土千歲53。

當時雖以諸天人民為說法對象，而又特別提及後世之人。原因是人間雖有種種苦逼，心勞形困，卻能激發出離心、菩提心、慈悲心，精進修學六度萬行無量善法，速得成就自利利他的菩薩道業。

九

今日臺灣佛教界的有識之士，都在推行「人間佛教」的觀念，也在推行「人間淨土」的運動，我自己創立的法鼓山，便是其中的團體之一。我們的理念是「提昇人的品質，建設人間淨土」。結合僧俗四眾的力量，將正信、正見、正行的佛法，以各種現代化的型態，為廣大的人間社會，做適時適所的宣導示範及關懷服務。我們有出家的僧團，並有一個人數眾多的在家居士組織群。我們以三大教育事業來實踐人間淨土的理念：

（一）大學院教育：先後創立中華佛學研究所及法鼓人文社會大學。為佛教、為社會，培育宗教、人文、社會等各層次人才。

（二）大普化教育：創立出家僧團，組織在家信眾，設立出版公司。全面提昇人品，淨化身心，淨化社會環境。

（三）大關懷教育：以宗教信仰關懷、社會福祉關懷、終身學習關懷等為大眾服務。提倡四環及四安運動[54]。

我們法鼓山正在以各種不同的角度，與教育學術的、與社會文化的、與臺海兩岸的、與國際交流的等等關係，推展出建設人間淨土的藍圖。一九九七年七月，我們的中華佛學研究所，召開了第三屆中華國際佛學會議，其大會研討的主題，便是「人間淨土與現代社會」，協辦單位，有十四個，包括臺灣三所大學（臺大、輔仁、文化）、日本三所大學（佛教、立正、駒澤）、美國兩所大學（密西根、杜桑）。一百六十多位東、西洋學者，提供了四十六篇論文，對人間淨土的這個主題，做了相當有深度的探討。

由於諸方學者及社會大眾，雖然樂意接受「人間淨土」的理念，對於此一理念的佛教淵源及歷史發展，則多不太了然；在此近十多年間，我已寫過講過許多遍的人間淨土，也尚未做比較完整的探索。這一篇論文正好滿了我的心願，它讓我們知道：

（一）佛法本來就是以人類為教化對象的。

（二）人間淨土說的源流，是來自印度的大、小乘諸種經論。

（三）人間淨土的思想，在中國，是歷經天台、淨土、華嚴、禪等諸宗對淨土觀的激盪，到宋初的永明延壽，結合諸宗，匯歸華嚴的理事等齊，唱出「一念成佛」之說。

（四）人間淨土的主要根據，乃是1.《仁王般若經》的「唯佛一人居淨土」，2.《華嚴經》的「初發心時，便成正覺」，3.《法華經》的「我此土安隱」，4.《維摩經》的「直心是淨土」，5.《般若經》的「成熟有情，嚴淨佛土」，6.《觀無量壽經》及《無量壽經》的淨土生因說。

（五）中國首創建設人間淨土論的人是二十世紀初的太虛大師，首創人間佛教的是太虛的門生印順長老。

（六）我本人綜合大、小乘聖典以及古聖先賢們的智慧，構成如下的三點結論：

1.信佛學法者，初發菩提心；成熟有情，嚴淨佛土；由人心清淨而行為清淨，由個人的三業清淨而使社會的環境清淨。

2.一念清淨一念見淨土，一日清淨一日見淨土；一人清淨一人居淨土，多人清淨多人居淨土。

3.此心由煩惱而顯菩提，此土由穢土而成淨土。便是《維摩經》的「隨其心淨則佛土淨」[55]。

（本文為祝佛教大學前校長水谷幸正博士古稀紀念作，一九九八年六月十七日寫於美國紐約法鼓山分會）

註解

❶《四分律》卷三十二，《大正藏》二十二．七九三頁上。

❷《增一阿含經》卷三十五〈莫畏品〉第四十一，《大正藏》二．七四六頁中—下。

❸《法華經》卷五〈如來壽量品〉，《大正藏》九．四十三頁中。

❹《增一阿含經》卷四十四—四十五，《大正藏》二．七八六頁中—七九一頁中。

❺與彌勒相關的資料相當多。除了彌勒三經，尚有阿含部等。

❻見《阿閦佛國經》二卷，《大正藏》十一冊。

❼阿彌陀淨土的三部經為：《無量壽經》、《觀無量壽經》、《阿彌陀經》。

❽《十住毘婆沙論》卷五，《大正藏》二十六．四十頁下—四十五頁上。

❾同上，《大正藏》二十六．四十一頁中—四十五頁上。

❿《觀無量壽經》有云：「下品下生者，或有眾生，作不善業，五逆十惡，具諸不善，如此愚人，以惡業故，應墮惡道，經歷多劫……臨命終時……應稱歸命無量壽佛，如是至心，令聲不絕，具足十念，稱南無阿彌陀佛……即得往生極樂世界。」（《大正藏》十二．三四六頁上）

⓫山口光圓著《天台淨土教史》九十一—九十三頁。

⓬《大正藏》八．八二八頁上。

⓭（一）見印順法師《契理契機之人間佛教》三頁，臺北正聞出版社。
（二）見印順法師《佛在人間》十四頁，正聞出版社《妙雲集》下編第一冊。

⓮《大正藏》九．三九五頁上。唐譯八十卷《華嚴經》之開頭，亦有類似記載。

⓯《大正藏》十四．五三八頁下。

⓰《大正藏》九．四十三頁下。

⓱《大正藏》九．九頁上—中。

⓲善導大師集記《觀無量壽佛經疏》卷一有：「問曰：彌陀淨國為當是報是化也？答曰：是報非化，云何得知？如《大乘同性經》說，西方安樂阿彌陀佛是報佛報土。」（《大正藏》三十七．二五〇頁中）

⓳見《楞伽師資記》，《大正藏》八十五．一二八八頁上。其引《觀無量壽經》之原文則是：「諸佛如來，是法界身，遍入一切眾生心想中，是故汝等心想佛時，是心即是三十二相，八十隨形好，是心作佛，是心是佛。」《大正藏》十二．三四三頁上。

⓴《楞伽師資記》，《大正藏》八十五．一二八八頁上。

㉑《大正藏》十二．三四三頁上。

㉒《大正藏》十二．三四三頁中—下。

㉓《楞伽師資記》，《大正藏》八十五．一二八八頁上。

㉔《楞伽師資記》云：「常憶念佛，攀緣不起，則泯然無相，平等不二，不入此位中，憶佛心謝，更不須徵，即看此等心，即是如來真實法性之身，亦名正法，亦名佛性，亦名諸法實性實際，亦名淨土，亦名菩提金剛三昧本覺等。」（《大正藏》八十五．一二八七頁上）

㉕敦煌本《六祖壇經》第三十五節。

㉖ 參考拙作〈六祖壇經的思想〉，原刊《中華佛學學報》第三期，現收錄《禪與悟》。

㉗ 《大正藏》四十八冊：1.前二句見三五一頁上。2.後二句見三五二頁下。

㉘ 參看註㉔《楞伽師資記》所言的淨土觀。

㉙ 《維摩經》卷上，《大正藏》十四．五三八頁中—下。

㉚ 《十住毘婆沙論》卷五，《大正藏》二十六．四十一頁上—四十四頁下。

㉛ 《大正藏》十二．三四七頁中。

㉜ 《大正藏》十二．三四一頁下。

㉝ 《大正藏》十二．三四四頁下及三四五頁中—下。

㉞ 《大正藏》十二．二七二頁中—下。

㉟ 《萬善同歸集》卷上，永明延壽述，《大正藏》四十八．九五八頁。

㊱ 《宗鏡錄》共百卷，宋永明延壽集，《大正藏》四十八冊。

㊲ 《大正藏》四十八．四二〇頁下。

㊳ 《宗鏡錄》卷十四云：「煩惱客塵，全無體性，唯真體用，無貪瞋癡，任運即佛。故一念相應一念成佛，一日相應一日成佛。」（《大正藏》四十八．四九一頁上）同書卷十五亦有「一念相應一念佛」之句。（《大正藏》四十八．四九七頁下）

㊴ 《大正藏》四十八．五二〇頁下。

㊵ 《大正藏》四十八．五二二頁中。

㊶ 《大正藏》九．四四九頁下。

㊷ 《大正藏》十四．五四三頁中。

43 《大正藏》八．七五二頁上。
44 《大正藏》六．一〇三五頁中。
45 《大正藏》六．一〇三一頁下。
46 （一）見四十卷本《大般涅槃經》卷十一之〈聖行品〉，《大正藏》十二．四三二頁上。
（二）見三十六卷本《大般涅槃經》卷十一之〈聖行品〉，《大正藏》十二．六七三頁中。
47 此等文章已編入《太虛大師全書》的支論集。
48 臺北正聞出版社一九九〇年二版《契理契機之人間佛教》三頁。
49 鄭壽彭編的《印順導師七十年譜》十九頁，說是三十六歲撰《佛在人間》。
50 《佛在人間》十四頁，《妙雲集》下編第一冊。
51 有關十善是菩薩戒的論點，本人曾有一篇論文〈十善業道是菩薩戒的共軌〉，原刊《中華佛學學報》第八期，現收錄《菩薩戒指要》。
52 印順法師著《契理契機之人間佛教》四頁。
53 《大正藏》十二．二七七頁中—下。
54 「四環」是心靈、禮儀、生活、自然的四種環保。「四安」是安心、安身、安家、安業的四項平安。
55 《維摩經．佛國品》，《大正藏》十四．五三八頁下。

淨土在人間

大家一向認為，淨土一定是指佛的世界或是佛國，例如，西方極樂世界、東方琉璃世界，以及許多佛陀所介紹的他方無量無數的諸佛世界。其實，也有經典說到，淨土就在人間。在信仰中，須彌山的北方，有一個鬱單越；以及當來彌勒佛降臨人間成佛之時，我們這個世界，也就成為人間淨土。還有，在《維摩經》中說，只要人心清淨，所處的世界就是淨土；《法華經》中也說，釋迦牟尼佛的淨土，永遠不會毀滅，那就是靈山淨土，也就是在這個世界，有緣的眾生就可以見到。

現在，我講的人間淨土，除了以上所介紹的以外，另有勝意。《六祖壇經》說：「佛法在世間，不離世間覺。」也就是說，能體驗佛法的話，這個所處的世間，就是淨土；換句話說，自心清淨就能見到自性淨土。另外，中國天台宗的智者大師，主張一念三千的思想，就是在凡夫的現在這一念之中，已經包括著凡聖十類法界、一切的因緣果報等，《法華經》所說的「十如是」，再加上三世，就是眾生心的全體範圍。所以，凡夫的這一念虛妄心之中，就含有諸佛的功德。因此，《六祖壇經》說：煩惱就是菩提，生死就是涅槃。永明延壽禪師的《宗鏡錄》強調，一念心與佛的悲智相應，當下就是佛，所見的就是佛國淨土。

因此，我的淨土觀念，是有層次的不同，而沒有一定的方域差別。人間淨土是最基本的，然後是天國淨土，還有他方佛國淨土，最高的是自心清淨的自性淨土。如果在日常生活中體驗佛法，哪怕一個念頭與佛法的慈悲與解決煩惱的智慧相應，當下見到的，就是人間淨土。也就是說，一念心中有慈悲及智慧，就一念見到人間淨土；念念與慈悲及智慧相應，就念念見到人間淨土。然後只要有一個人的心念與佛法的慈悲及智慧相應，他就生活在人間淨土；如果人人都能夠生活在佛法的慈悲與智慧中，當下人人就生活在人間淨土。換句話說，凡夫可以見到淨土，如果念佛念到一心不亂，也可見淨土，參禪參到明心見性也可見到淨土；如果既不念佛，也不參禪，而修行五戒十善，或盡責任、奉獻社會，能與慈悲心與智慧心相應，也能見到人間淨土。

我有關討論到人間淨土的文章相當多，在我所有的文章與演講中，多少都會帶到一點。當釋迦牟尼佛在世時，經常遊化人間，老早就在建設人間淨土；到了近代的太虛大師，主張建設人間淨土、人成佛即成；到了印順導師，主張人間佛教；法鼓山的理念是「提昇人的品質，建設人間淨土」。而今（一九九七）年法鼓山的年度重點活動課題，就叫「人間淨土年」。所以蒐集了七篇比較具體的文章，彙印成冊，勉勵大家一起來從事人間淨土的建設。希望我們這個世界早日成為人間淨土，人人生活在人間淨土，這是配合著我們歷年來推動的四安運動、心靈環保、禮儀環保，而繼續努力於人間淨土的推廣與實現。此文，只是拋磚引玉，請諸位高明給予指教。

（一九九七年二月二十三日寫於北投農禪寺，原收錄於法鼓山小叢刊《人間淨土》）

請佛到人間

佛是在人間的，佛法是以人為主的。人間的意思，最初就是人類的意思。人間是在人與人之間生存的。人與人之間生存的是什麼？人類如果單獨一個人，不能叫作人間。但是一個人可能在這個世界上單獨存在嗎？人是不可能只有一個人的，因此人間有人間的條件，人間既然在人和人之間，那一定有人和人的關係。

一

人與人的關係叫作什麼？叫作倫理。我們不能夠離開倫理，倫理分成二類：世俗的倫理、佛法的倫理。對我們來講，世俗的倫理，就是社會上一般的倫理，是父母、兄弟、姊妹、朋友、師弟、師生的倫理關係。君臣、父子、夫婦、朋友、兄弟稱之為五倫，實際上五倫是不夠的，因為人和人之間分工非常細密，特別是現在的這個社會，譬如我們會說：你是新聞界的，我是佛教界，他是法律界、工商界、文化界、政界、交通界等。

所以人和人之間應該有很多倫，也就是說，這一個身分跟另外一個身分彼此之間產生關係，有義務、有責任的關係，這叫作什麼？倫理。為什麼要這樣子做？若不是這樣子做，就混亂，社會混亂、世界大亂。那就沒有倫理，所以要有倫理，要有倫理就是盡責任、盡義務。

現在人都是爭取權利卻不願盡義務，只要有權利，就向裡頭鑽，聽到義務趕快跑，聽到責任趕快溜，那麼，做和尚有什麼權利？能夠住在廟裡面是不是他的權利？能夠披黃苧衣、著紅袈裟，是不是他的權利呢？現在，在一些法會或佛學講座的場合，常可看到穿著黃海青，披著紅祖衣，站在大門，托捧著一個大缽的出家人，見著人就叫人供養。見到這樣的情形怎麼辦呢？沒有辦法呀，若干涉他，可能會討一頓罵，甚至挨揍，這也就是說他有穿這個衣服的權利，還有托缽的權利，但是，不須扛負責任。而和尚是不是就什麼責任都沒有呢？還是說沒有飯吃，就叫信徒來供養呀？其實，出家人的義務、責任很多，例如在法鼓山舉辦一個禪修營，雖然只有三十人參與，可是出動了十多位出家的法師，並有十來位在家居士護法，幾乎是一個人侍候兩個人。出家人替他們開車子，出家人替他們點蚊香，出家人照顧他們無微不至，把每一個人當成菩薩來接待、來成就。

我們也希望每一位參與者能真正像一個菩薩，回到了工作環境、生活範圍，都能以這種精神為他人服務，這樣的要求也真的發揮了作用。活動結束，下了山以後，其中有位勤業會計師事務所的負責人即表示：「從此以後我要改變。」第三天，他的公司裡邊有四位合夥人到農禪寺來看我，他們說：「我們老闆現在已經打算要改變。」我說：「阿彌陀佛！但願是正面的，不要負面的。」後來，勤業負責人來的時候，我說：「你怎麼改呀？你不要整他們喔！」「不會，不會！我是從法鼓山學會了服務的精神，學會了如何地服務這個社會，服務我們的公司，服務我們服務的人。」以體貼、照顧、關懷、服務的心，這是不是稱為人性的管理呀？這個就是人間化、人性化。

二

在佛法的倫理裡，以前的觀念是，佛是被人家供的。供在大殿裡，佛像好大好大，人們燒香拜佛、供佛，甚至還供豬呀、羊呀都有，這對不對？那麼，我們應該請佛到人間來做什麼呢？來服務我們大眾，眾生需要他來度。佛度眾生首先以什麼來度呢？六度裡第一度是布施，用什麼布施？用法布施，身體也能布施。所以，我們現在請的活佛，一定不是被高高供在大殿上，養尊處優、方頭大耳，現在的活佛，就是萬家生佛。什麼叫萬家生佛？萬家生佛就是指對許多許多的眾生，能夠關懷、照顧、服務的人。

那麼，佛法的倫理有什麼呢？有七眾：比丘、比丘尼、式叉摩尼、沙彌、沙彌尼、優婆塞、優婆夷。這個是層次方面。也就是說，佛法的倫理關係是什麼？是僧俗、師弟的關係，層次的關係。層次，我們叫尊長，所以佛法裡要講下座、中座、上座。所謂「上座」，是指年長的、出家時間久的、戒臘高的，但上座不一定是年紀很老，若出家受戒二十年以上，也是上座。而僧與俗之間也是一種倫理關係，僧俗哪一個為尊？哪一個為卑？或者哪一個為上，哪一個為下？僧為上。為什麼？因為三寶裡代表著佛法的形象的是僧。

那僧俗彼此之間要互相敬什麼？爭取權利呢？還是責任、義務？僧對俗有義務、有責任。俗對僧呢？也是有義務、有責任，這樣倫理關係，就建立起來了。如果只有單向，只是一方要求權利，而沒有付出責任和義務，倫理關係便不能建立起來。中國的佛教，出現二種型態：第一種是出家人受人看不起，覺得出家人「攏是沒路用的人」、「攏是飯桶、呷飯的啦！」，第二種是對出家人盲目地迷信，以為出了家，就是應該受恭敬、受供養、受到崇拜的。這二種都是錯誤的觀念，因此，我們一定要建立起僧俗彼此之間互相的倫理關係，才能產生互動，所以現在農禪寺和法鼓山所推動的就是在盡義務和責任。

（聖嚴法師口述，胡天祥居士整理，刊於《法鼓》雜誌四十一期）

以佛法建設人間淨土

諸位能在百忙中參加第三次法鼓傳薪的共修活動，在此表示歡迎與慰勉。

首先我要講傳薪的意思：在古代，火是象徵祖先，代表一個家族的中心點，一代一代不止息地傳下來，便稱為薪火相傳，也就是一個家族的傳承。而我們法鼓傳薪所傳承的是什麼？是釋迦牟尼佛的法統、釋迦牟尼佛流傳下來的正確佛法，從以前到現在代代相傳，也叫一脈相傳，又叫法脈。

從釋迦牟尼佛說法傳到我們這一代，其間雖然經過很長的時間、經過很多的人，佛法卻不能變質，一旦變質就成了外道。但我們如何證明佛法的正統性？有人會說法鼓山的佛法就是正統的佛法，這是盲從，因為每個人都可以說自己是正統的佛法。因此，辨別正統的佛法應有幾個原則：1.是以三寶為中心的，2.是以人為主的，3.是以因果、因緣為其不變的原則。

如果有人說他是佛，所以他所說的就是佛法，信仰的就是佛教，或者說只要信他，要什麼就有什麼，這些說法都不是佛法。因為前者並不是以三寶為中心，而是以他個人為中心，後者提到要什麼有什麼，這則與因果不相應。我們人一定要透過自己的努力才能有所收穫，因此如果有人說他是永遠的、最高的、最後的或是最真實的，這是違背無常、違背因緣的道理，所謂因緣法就是無常法，無常是不會永遠不變的，所以唯有具備前面所說的三種條件，才是正統的佛法。

前些日子我聽了一位法師的演講，他說目前我們這個世界許多人都希望不勞而獲，想發偏財、橫財，所以就有人大做廣告，大肆宣傳他有求必應，要什麼有什麼，或是有人會說他三明六通，樣樣都懂、樣樣都通，要名得名、要利得利。世上真有如此的事嗎？如果有的話，全世界的國家就不需要國防部，因為這樣我們就不用向美國買戰鬥機，向法國買幻象機、潛水艇，只要請他施展神通，就可以得到想要的。我們也不需要交通部、經濟部、財政部等等部門，政府只要成立一個神通部，專門訓練幾個人學習神通就能夠萬事成辦。但是這可能成真嗎？

我們的社會、家庭或個人的心，常會因為一些似是而非的觀念所混淆，譬如有些人只希望獲得而不希望付出，類此觀念都不是佛教，如果相信了可能會帶來禍害。以買股票來說，二十元一股的股票以二百元購得，許多人會很高興地以為非常值錢，於是拚命搶購，結果買回來後未幾股價又下跌了，剩下一股五十元，錢反而讓炒股票的人賺走了，而他自己得到的卻只是不切實際的空歡喜。這就是因為沒有因果觀念所致，而這也不是法鼓山所主張、所推動的。

法鼓山主要是推動淨化人心、淨化人間的佛法，也就是信仰三寶，以人為對象，以因果、因緣做為我們信仰基礎的佛法。

目前社會充斥著求名、求利、求勢、求權、求位的風氣，其實這五種東西並不可怕，而是應得就會得到的，但是如果為了這些東西拚命追求的話，就會帶來災難，因此我們所要追求的應是身心的平衡，只要達成心理的平衡、身體的平衡、家庭的和樂、社會的和諧，人間淨土幾乎就可出現。

至於財富的多寡並不是那麼重要，因為財富多，不一定會為我們帶來幸福，財富少也不一定就會帶來災難。我們每個人都需要財富，但是在物質條件有限的情況下，只要安貧樂道，在貧窮中求身心平衡、家庭的和樂、社會的和諧，這樣也是很好。所以物質建設和精神建設，應該彼此平行平衡，或是從因果的觀念來完成它，從因緣的觀念來處理它，這樣我們人間就會得到安寧，人間淨土就會實現。

接著我們講「法」的內容。《心經》上說：「諸法空相，不生不滅，不垢不淨……。」「法」是什麼？第一種：法即是空，這個空是空性的意思。第二種：法是一種法門，是一種門道。既是「空」，我們還有什麼好學的，沒有話講也沒有什麼好學的，對不對？那麼我們如何學法呢？

一

「空」是指第一等的法，而種種的觀念、種種的道理，也叫作法。法有無量的法門，觀世音菩薩的法門是什麼？耳根圓通。地藏菩薩的法門是什麼？他修的法門主要是什麼？地、水、火、風，哪一種？是地觀。一個是耳根圓通，一個是地觀圓通。菩薩有二十五種圓通法門，這是《楞嚴經》所說的。其實每一尊佛、每一尊菩薩，當他們成為大菩薩的時候，他們就能夠用無量法門，用無量不同的法門，度無量不同的眾生。

你們聽說過「千手千眼」沒有，千手千眼的意思就是一千個什麼？有一千種手眼。諸位有沒有聽過「這個人的手眼很高」的說法，這是說，這個人的手法和看法，也就是他的作法、看法，相當高明。這就是法門。那千手千眼即表示觀世音菩薩的法門就是有一千種以上了，指的是每一個菩薩自己學的法門，以及度眾生的法門，對不對？那麼，農禪寺的法門是什麼？數息觀。因為到這個地方來學打坐的，農禪寺就教人家數呼吸，好像本來誰也不會數呼吸，到我們這裡來學打坐，就教他數呼吸。現在農禪寺所教的又多了一點，是不是啊？

第三種的法是什麼意思？第三種的法啊！是現象，又叫作相。現象是哪一些現象？你們猜猜看。心理的叫作什麼？心象。身體呢？生理現象，物理現象。還有一種什麼？社會人與人之間是什麼現象啊？就是社會現象嘛！是指人與人之間的關係發生的。那一切的現象包括在內叫作法。所以一切法全部都是佛法。這指的是哪一種呢？指的是一切法的法相，是諸法空相。空性，是最高的一種法，是法的原理、原則，一切的法都是因為是空，所以他能夠活動，所以他能夠變化。為什麼是空？是因無常、因緣，所以是空的。

現在我們所講的法，法鼓山的法是哪一種？是第一種？第二種？第三種？三種都有啦！不要認為我們只要最高的，試想：三層樓的房子，若只要第三層最高的，是不行的吔！應該是從地下一層往上爬的，所以我們三種都要，但是要一層一層地學，最終學到「實相無相」的境界，變成無相了以後，就到了第一種去。

二

現在我們講僧，請問諸位：僧有幾種？第一種的意思：是和合為僧。凡是眾緣和合都叫作僧，特別是人與人之間的和合而成為一個團體稱為僧；還有，和合的精神也叫作僧。

和合不是二個人的和合就行。和一定是二個合在一起，二個彼此之間相處後，沒有發生問題，叫作和。和要二個不會發生衝突，其他再加上一個也不會發生衝突，這個叫作和。很奇怪！人啊，一個和尚挑水喝，二個和尚擔水喝，三個和尚沒水喝。就是不和合。三個人在一起是一個問題，對不對？一個男的二個女的，會發生什麼問題？二個女的一個男的、二個男的一個女的都會發生這個問題，是不是？會。甚至於一個家庭裡邊，二個兄弟和一對父母，父母一對算是一個，二個兄弟算是二個，三個加起來，能不能相和？因此，和合是指二個對立變成統一，再加一個進去還能夠統一的意思。

僧的和合本來意義是跟任何人都可以和的。不管是跟幾個人，不管是怎麼樣的情形下，都是和的。一個方的、一個圓的能不能合在一起？方的、圓的在一起能不能合？兩個三角在一起能不能合？兩個三角當然可以合在一起，一拼是不是合起來變成四方嘛！一個圓的、一個方的能不能合在一起呢？可以。把方的放到圓的裡頭去，就沒事了，是不是這樣子？（例如中國的古錢）方的放到圓的裡頭去，圓的能不能放到方的裡頭去？也可以啊！

和合的意思，就是說不同的因素放在一起，這是第一種。第二種呢？第二種僧是什麼意思？就是眾。三個人以上為眾，三個人以上都叫僧，不管在家人、出家人都可以，那是不是和合？他在一起應該是一個團體，他不能夠不是一個團體。

那第三種是什麼？指的是比丘、比丘尼僧。這是佛經裡邊，所謂三寶裡邊的僧寶。他具備三個條件：不能夠單獨的上面一個，也不能夠僅僅是第二種，也不能夠僅僅是第三種。第三種是三個比丘尼或三個比丘在一起稱為僧。名字上叫作名字僧。可以，但實質上不是，他一定要從「羯磨」而產生的。「羯磨」就是「作意」的意思，也就是「會議制度」、「會議的形式」。透過會議的形式，而產生共同的意見。意見的統一、調和、溝通、協調，用「羯磨」的形式來達成的，那一定是三個比丘或比丘尼。這三個比丘成為比丘僧，那三個比丘尼以上的叫作什麼？叫作比丘尼僧。這是具備第二個條件。而用「羯磨」達成什麼目的？達成和合的目的。因此，僧是依和合而住，就是由六和敬。

三

諸位聽過六和敬吧！因此在是釋迦牟尼佛的時候，在他的經典裡邊，都主張皈依僧是皈依比丘、比丘尼僧，因為比丘、比丘尼僧，他們沒有私人、個人的所有物，乃至於沒有個人的想法，沒有個人的財產，沒有個人的意願，而只有共同的、大眾的想法和意願。因此，這是可貴的，所以要恭敬供養僧寶，那指的就是這一種。

諸位一定要記得，現在有一些寶貝，我不能說他們是壞人，而是寶貝，哪一些寶貝呢？他們說在家人也可以稱為僧，為什麼？三個人以上就是僧嘛！太太、兒子、女兒加起來，也算是僧！說三個人在一起不算僧是什麼？那幾個人合為一個組織、一個小團體也叫作僧。現在日本真正的出家比丘、比丘尼已經沒有，一些寺院裡集合在一起的在家人，也叫「サンガ」先生，也叫作僧。但是這和佛經裡邊戒律所指的僧，是不一樣的。

現在諸位看到沒有，我們講的僧要具備幾個條件？三個條件，缺一不可，所以這個比丘、比丘尼僧啊，應該是最尊貴的。現在諸位聽了三寶的意思了吧！我們以三寶為主，是不是以聖嚴師父為主？不是。為什麼不是？我是法鼓山的開創人，當然是以我為主囉！對不對？不對喔！你們如果那樣子講的話，你們就信邪道。你們是因法鼓山的護法，因法鼓山是推動正信的三寶、正統的佛教、正統的佛法，所以來學習，來推動，來護持，是這樣子的啊！

（一九九二年九月二十一日講於第三屆法鼓傳薪，黃道俐居士、胡天祥居士整理，刊於《法鼓》雜誌三十六、四十期）

心佛相應，當下即淨土

今天一共有三場論文發表，主題討論相當地熱烈也相當成功，我在這裡要向發表論文的老師、法師們說：「謝謝。」

我想藉此簡單地向諸位說明關於「淨土」、「人間」，以及「人間淨土」的意義。早上有人提出，認為我是在提倡「人生佛教」或者「人乘佛教」，但那都不是我提出的。「人生佛教」是太虛大師提出，「人乘佛教」則是我的師弟聖開法師所提倡；我提倡的也不是「人間佛教」，而是「人間淨土」。「人間佛教」是印順長老提出的，而最早提出「人間淨土」的，則是太虛大師。

太虛大師曾提出二種觀念，早期是「人生佛教」，到了晚年，則提出「人間淨土」的觀念，我有一本小書叫作《人間淨土》，諸位可以參考一下。

佛菩薩所住的世界

其實所謂的淨土，一般指的就是佛國，也就是佛的世界和地上菩薩，亦即初地以上的菩薩所住的世界，還有小乘三果聖人所住的世界，就是五種五不還天、五種淨土天，那是天國的淨土。而在我們這個娑婆世界，另外還有一個淨土，那是在兜率內院，也就是彌勒菩薩的淨土，所以在我們這個三千大千世界，也就是娑婆世界，人間是沒有淨土的，天國、天上才有淨土。至於真正的人間淨土，要等到彌勒佛降生人間，也就是五十六億年之後，才會在龍華樹下三會說法，度盡所有有緣眾生。

因此，今天早上大家所談的淨土思想，大概都是指阿彌陀佛的淨土思想。無論是《無量壽經》、《觀無量壽經》的淨土思想，或是歷代祖師們的淨土思想。因為歷代祖師之中，只有玄奘大師、窺基大師等少數幾位是講兜率內院的彌勒淨土，其他都是講阿彌陀佛極樂世界的淨土。

一直到近代的印光大師，甚至於慧嚴法師談到他的師父，也是我的朋友煮雲法師提倡的，也是講彌陀淨土。所以淨土是不在人間的，佛經裡的淨土都是在他方世界或者是上方天國，人間不會有。

至於太虛大師所講的人間淨土思想，則是希望能在我們這個世間，在我們中國國境之內，向政府要一塊像普陀山那麼大的地，把它闢為佛教的專用區，那個地方能免除所有的稅捐及兵役，只有出家、在家的佛教徒們，在那裡比照著北俱盧洲的生活方式，或是模仿彌勒佛已經降生到我們這個世界的狀況，一個行十善道的環境。但太虛大師提出這個想法以後，只有二篇文章之後就沒有了。可是這個思想、觀念，對我影響滿深的。

而我們法鼓山「人間淨土」的思想，與上述這些也都有些連帶關係，並非完全脫節的，例如我也念阿彌陀佛，我對彌勒淨土也非常渴望；還有，我對太虛大師的思想也非常崇拜。但如果僅只是停留在那樣的思想模式、信仰模式的話，那人間淨土將永遠停留在觀念與信仰之中，永遠不可能在我們人間真正實現。所以，我現在提倡的人間淨土，和許多人是不大一樣的。今天下午的陳慧劍老師、吳永猛老師也是講人間淨土，這倒跟我的想法有結合的地方。

佛在人間的思想

但是真正了解我的人間淨土的人，還是很少，大家都還是在揣摩、猜測著，不知道聖嚴所講的人間淨土到底是什麼。現在我要點出一點，我這個思想主要的根據是《阿含經》、《維摩經》、《華嚴經》及《法華經》，主要是大乘經典。不過仍根據《阿含經》所謂的「佛在人間」，也就是印順長老所說的佛在人間成佛，成佛以後，永遠是在人間教化眾生，以這一點來銜接的。

釋迦牟尼佛希望我們在這個人間行十善法，希望我們這個世界有一位轉輪聖王出現，來推行仁政行十善法，這個世間可以說就是太虛大師信仰中的人間淨土的實現。太虛大師也好，釋迦牟尼佛也好，終其一生都是為了這個目標、這個信念而來弘法度眾生，這一點就是我們法鼓山推廣人間淨土的根據，也可以說是著力點。

另外，我們從《維摩經》裡的一句話「隨其心淨，則佛土淨」來看，這句話在《維摩經》裡大概重複了三、四次。這是說，如果眾生的心是清淨的，所見的佛土也就是清淨的；或者說，因為佛的內心是清淨的，所以從佛看到的世界也是清淨的。

釋迦牟尼佛看到我們這個世間，知道眾生雖然還是在無明煩惱、痛苦、生老病死之中打滾，可是釋迦牟尼佛所看到的眾生，每個人都具有佛性，每個人都是未來的佛，甚至說當下就是佛，只不過是眾生愚癡，不知道自己就是佛。可是釋迦牟尼佛看到的眾生都是佛，因此釋迦牟尼佛在任何時間，他住的環境就是佛國的淨土，所以這個世界就是佛國淨土。

《維摩經》裡也有這麼一段故事：釋迦牟尼佛用腳趾一按地，弟子看到這個世界就是淨土，可是釋迦牟尼佛的神通力一收，弟子看到的又是娑婆世界、是穢土，而不是淨土。

內心清淨，世界即淨土

因此我們知道，淨土和穢土的差別，不在於外邊的環境，而在於個人自己內心的體驗。內心清淨，則所見到的世界、環境，就是淨土；內心不清淨，不論你到哪個地方都不是淨土。所以我們也可以知道，如果我們心不清淨，心裡充滿了恨、嫉妒、猜疑、貪欲與瞋恚，就算把他送到西方極樂世界去，他在那裡也一定會嫉妒：「奇怪了，那些蓮花為什麼比我的大？」一定會驕傲：「你看看，我的蓮花還比他大一點。」

所以到了西方極樂世界，蓮品有九品，只有上品的人看得到下品的，下品的人不會看得到上品，因為如果看到了，他就生起嫉妒心、貪求心，而忘了自己要好好修行才能蓮品高升。所以，西方極樂世界讓下品的人看不到上品，就是預防眾生到那邊去還帶著滿腦子的煩惱。

那我們在人間是不是可以完成淨土的目標呢？我相信是可以的，我是根據《法華經》裡的一句話：「若人散亂心，入於塔廟中，一稱南無佛，皆已成佛道。」你以散亂心進入佛塔裡面，只要念一聲南無佛，就已經完成了佛道。意思就是說，你一念之間念一聲佛號，皈依南無佛，這時的心是跟佛完全相應的，於是這一念之間，就已經完成了佛的功德。

中國古代有一位永明延壽禪師，他在《宗鏡錄》裡也提到「一念相應一念佛，念念相應念念佛」，也就是說，你這一念之間，你的心跟佛的慈悲心、智慧心相應的話，你當下一念就是佛；念念相應的話，就念念都是佛。所以，我就衍生出一人清淨，一人見淨土；人人清淨，人人見淨土的人間淨土觀念。

這人間淨土是任何人都可以體驗得到，都可以實踐的，完全要看每個人是不是願意去體驗，願意去嘗試、實踐。

（一九九九年十月十六日講於北投華僑會館「淨土專題研討會」，收錄於《一九八九—二〇〇一法鼓山年鑑》）

人間淨土的實踐

一、心淨則國土淨

對於未來，我沒有預言，也不敢預言，我只是根據佛法的觀點，提出幾點個人的看法，讓我們在心理上及生活上能居安思危，並且及早做未雨綢繆的準備。

我們莫不希望跨入人間淨土。如何跨入人間淨土？人間是不是已經有過淨土？將來是不是一定可以見到淨土？我們現在是不是就在淨土中？諸如此類的問題，大家必須要有信心及決心，否則不可能實現。

很多信仰佛教的人認為淨土在他方佛國世界，沒有佛教信仰的人則認為淨土的想法是一種不切實際的幻想，是一種烏托邦的理想，是自欺欺人或自我安慰的話；其實，心中有佛，就可以看到淨土；如果心中無佛，縱然到了佛國淨土，還不知已置身佛國淨土。換句話說，倘若心地清淨、有智慧、有慈悲，淨土就會在你面前顯現；如果心裡不清淨，有許多煩惱，而且沒有慈悲，也沒有智慧，即使諸佛菩薩環繞四周，你也不知那就是佛國淨土。所以，心中無惡念、邪念，身體不做壞事，那就是淨土的象徵。

釋迦牟尼佛成佛以後，他所看到的世界就是淨土，他的弟子們用佛法修行，除煩惱、生智慧之後，所看到的世界也是淨土。歷經二千五百多年以來，所有的歷代高僧、大德居士修學佛法，有所體驗後，也都看到了他們各自的淨土。

今天，不僅我們臺灣，甚至於全世界，看起來好像很混亂，其實不盡然如此，還是有不少人生活在淨土中，雖然未必經常沒有煩惱，但總有一段時間沒有煩惱，因此就會體驗到淨土的存在。體驗淨土並不困難，問題是自己有沒有信心、決心？「信心」，就是要確信自己能斷煩惱，並且富有慈悲與智慧的潛能。「決心」，是念念之中，盡量不與煩惱心相應，把自己的心念和行為，與慈悲的、智慧的菩薩精神相應，這樣一念清淨就一念生淨土，二念清淨就二念見到淨土，念念清淨就念念生佛國淨土。

二、重建心靈、改變行為

如何跨入嶄新的二十一世紀？第一、用心靈的重建做為跨入二十一世紀的動力，第二、以身體行為的重建做為實踐與開發人間淨土的基礎。

一年前我在美國《紐約時報》閱讀到一篇報導，有一位惡性重大的死刑犯，進入監獄以後，因為知道自己是死刑犯，所以心情暴躁，行為乖張，獄中的管理人員感到非常棘手。有一天，這位死刑犯向管理人員索取一本《聖經》看，管理人員看他平時很可惡，就隨便給他一本佛經——《法句經》。他看完一遍後，若有所悟，於是，他又反覆地、仔細地讀誦，並默記在心，漸漸地他的性格、想法、行為好像變成了另外一個人。管理人員很驚訝，以為他發瘋了，但是經過一段長時間的觀察，發現他的表現很正常，沒有任何異樣。因此在他即將被執刑之前，監獄的管理人員與其家屬一起向法院請願，希望能給他一個自新的機會，讓他能為社會做一些奉獻，否則，將是人類的損失，也是社會的不幸。後來這個故事的結局如何，我不知道，不過，由此可知，心靈是可以重建的，身體的行為也可以重建；只要心理的觀念改變，行為自然就會跟著改變。

除了心靈的重建之外，家庭與事業觀念的重建，亦可為人間帶來淨土。當前的家庭型態已從農業社會的大家庭制度，進入工商業社會的小家庭制度，因此在觀念上必須要重新建立。所謂「家家有本難念的經」，其實就是家庭的觀念不正確，所以造成了家庭的問題，進而對事業的觀念也產生問題。許多人因此變成工作的機器、事業的奴隸，竟日爭逐財勢名位，這是顛倒的人生觀，必須重建後才能建立人間淨土。

現在有許多家庭成員之間是彼此要求、占有、依賴，認為這是一種愛的關係。事實上，這是最不可靠的觀念，容易使家庭成員之間的關係糾纏不清。長此以往，結果不是你用繩子套住我，便是我用鍊條鎖住你，彼此因為缺少各自的獨立或活動空間，反而失去了人類最基本的自由，以至於無法輕鬆自在地過生活。

就人生目標而言，許多人只知道追求成功，卻不知道追求成功的目的為何？倘若目的就是成功，成功就是目的，這有如「飲鴆止渴」，不僅無法滿足需求，反而葬送了寶貴的生命。一味地追求事業的成功、財富的成長，結果愈追求愈飢渴，愈飢渴愈追求，到最後只有累死了、苦死了、忙死了，甚至於真的死了！

三、用智慧使用時間、享用時間

現代人的生活方式、步調非常快速，愈來愈緊張，時間也顯得愈不夠用。事實上，時間是夠用的，過去的人有時間，現在的人有時間，未來的人還是有時間，端賴我們如何使用時間、享用時間，這必須要有一些智慧。

我有一位在家弟子老跟我說「忙得要死」，問她究竟忙些什麼？她說：「我每天要洗臉、漱口、洗衣服、買菜、煮飯、吃飯、洗碗筷，還要忙著看電視、聽收音機等等。」像這樣的人每天都在「忙」，一直忙到死為止，非常可憐。她反問我：「師父，你忙不忙呢？」我說：「我不忙！你看我現在沒有事，我在跟你聊天。」

我常講「忙人時間最多，勤勞健康最好」，很多人無法了解忙的人還有時間，可以忙中偷閒來享受自在輕鬆的生活。其實，忙裡偷閒的祕訣在於工作的時候要享受工作的情趣，在生活之中隨時隨地提高時間的使用效率；做什麼，就專心做什麼，心無旁騖，不胡思亂想，也不東摸摸、西摸摸。許多人就是不知道如何掌握「身在哪裡，心就在那裡」的要領，經常在不知不覺中把時間給浪費掉了！

因應快速時代的來臨，如何調整我們的生活步調，就看我們如何安排時間。剛才我提到的那位居士，整天都很忙，的確很累。事實上她的時間是非常充裕的，就看她怎麼安排。我在日本留學時，因為自己一個人住，凡事都得自己來，可是我每天工作的時間仍然長達十四個小時，而所剩下來的十個小時則充分休息，享受生活，這是多麼愉悅的人生！所謂「修行的人，山中無日月」就是這個意思，也就是說雖然社會變遷很快，但我們的心不要隨著環境的變動而受到影響，就能享受自在輕鬆的人生。現在我們四周環境五花八門的新東西太多、誘惑的東西更多，你千萬不要好奇，否則二、三輩子的時間都不夠用！所以你必須要有所選擇，不應該聽的不要聽，不應該看的不要看，不應該去的不去，時間自然就多了。

四、時時感恩，淨土不遠

新世紀的到來，我們要準備迎接在密集的空間中所產生的人際關係。

在密集的空間中，人與人之間的互動關係會發生兩種情況，一種是互相摩擦的機會增加，另一種是人際疏遠的可能性提高。摩擦的原因是空間太小、彼此的利害相衝突，就像小雞籠裡裝了許多隻雞，為了爭取空間，就會你啄我，我啄你；疏遠是因為人太多了，而每個人的心中又都太忙了，沒有多餘的力氣去關心別人，以至於左鄰右舍不相識，乃至於親子間的關係淡漠，相互不知彼此的生活狀況。換句話說，這種人際關係的轉變，我們必須要有如何因應的心理準備。

去年報紙刊載有一位老人家過世了兩個多月，都沒有人發現。他的兒女們都在美國，事隔數月知道後，所關心的竟是老人留下了多少財產，卻對其後事置之不理。另外一個例子，是我們農禪寺的一位信眾的朋友父親過世，我們這位信眾很熱心，於是商請農禪寺其他的蓮友一同助念，而且建議他這位朋友用佛化的儀式。結果他朋友的兄弟說：「且慢，喪葬儀式不用急，老人家生前未交代財產如何分配，我們先將財產分配好了之後，再來談喪葬的事。」

從以上的兩個例子，我們看到了人與人之間，你爭我奪、親情疏離的情形，即使是親兄弟姊妹亦不例外，這是非常不幸的事。以前的農村社會因為兄弟姊妹大多住在一起，這種情形較少見，但是現在的社會，兄弟姊妹長大後就各奔前程，甚至於幾十年難得見一次面，彼此之間缺乏感情的維繫，當然會為了遺產互相爭鬥不休。這種情形到了二十一世紀會更嚴重，這必須以佛法中「布施」、「感恩」、「慚愧」的方法來對治。「布施」是將自己所有的奉獻給他人，他人所有的不要去爭奪；「感恩」是對於任何人、任何事要心存感謝。有感恩的心自然會對社會及長輩、祖先回饋報恩，即使沒有得到父母或他人的恩惠，也要感謝環境的人、事，使我們在逆境之中成長。如果能以感恩的心對待所有的人、事，人際關係就不致於有摩擦、疏遠的現象發生。

曾經有一位文化工作者被人告到法院，進了監獄。坐牢時，他的太太就把我所寫的書送給他看，刑滿出獄後，他到農禪寺來請我為他說皈依。他當時見到我第一句話就說：「我非常感謝某某人讓我坐牢，如果不是他陷害我，讓我坐牢，我大概不會這麼快願意看佛書。看了佛書之後，我的人生觀、我的心境完全改變了。雖然那個人至今仍視我為仇人，我內心還是很感謝他。」他還說，佛法使他不平衡的心平衡了，仇恨的心、報復的心變成感恩的心。如果我們大家在任何情況下，對我們的恩人或仇人都像這位居士一樣，存有感恩的心，我們這個世界不會是淨土嗎？

五、佛法的根本精神及原則

我們現在所處的社會是非常繁雜且多元化的，包括宗教、政黨、商業等都是。我從一個宗教師的立場觀察，相信二十一世紀會更複雜、更多元，因為只要有少數幾個人或幾十個人，就可以成立一個合法的宗教團體。而且許多新興的宗教團體，都自稱所傳播弘揚的是最正信的佛教，最了解釋迦牟尼佛的佛法，反倒是像我這樣的人，是最不懂佛法的。在這種多元化的社會裡，應該如何自處？近年來有許多好心的出家及在家弟子向我建議：「師父，現在的時代變了，大家都有新東西，你也應該要求新、求變。你如果不變，就是死路一條了。」我就回答：「要怎麼變？我再怎麼變，還是光頭，總不能叫我留頭髮吧！我頂多也只是將僧袍反過來穿而已。」

佛法是這樣的，在古時候講因果、因緣，現在也是講因果、因緣，未來還是講因果、因緣，這原則、道理是不能變的！不能因為時代不一樣，就說殺人沒關係，因果不存在了，這是不對的。所以佛法是亙古常新，其理永遠適用於時代的變遷，而且，在複雜多元的環境中，也是需要百年老店、千年老企業。釋迦牟尼佛的店已經開了二千五百年，雖然老店裡的人不夠新潮，但老店裡的貨是千真萬確、真實不虛的。因此，我的原則是不論人家怎麼變，我還是依據佛法的根本原則、精神，講我所體驗的佛法真實義，至於別人怎麼批判我，我都不予以辯駁。如果我參加辯論或是跟著他人求新、求變，那就會變成四不像，最後佛教就不見了。所以要以不變應萬變，但不變之中，在技巧上、工具上是可以更新的。像二十世紀的今天，在交通、資訊、傳播，以及生活等工具上都已日新月異，如果不用它就會和社會脫節，所以佛法的根本內容不能改變，而方法、方式可以改變；佛法的基本觀念不能改變，而在運作上可以改變；不變之中有變，變之中有所不變，恆常不變的是佛法的原則和根本精神。

佛法是用智慧、慈悲來自利利人的，雖然在修行的過程中，偶爾會出現一些屬於精神層面的現象或心理的反應，那都只是附帶的作用，而非佛法的精髓所在。所以釋迦牟尼佛在世的時候，常諄諄教導我們用他所說的道理、方法來去除我們的煩惱，增長我們的智慧，關愛我們的人間，淨化我們的社會，廣度眾生，普結善緣，這就是佛法不變的道理和原則。

雖然佛有時也現神通，但佛不會藉用神通來度眾生，因為那是違背因果的原則。釋迦牟尼佛成佛之後，有四十多年的時間在印度弘法利生，從南到北照樣用他的雙腳一步一步地走，直到臨終涅槃，從未使用神通，所以我們不能用內在的、精神的、心理的反應或現象，做為衡量佛法的標準或價值。我在全球各地弘法，都有人希望我有神通，也相信我有神通，且不只一次地告訴我：「師父，現在有許多人知道三世因果！你也跟我們講一講，好不好？」「師父，現在某某人，你去求什麼，他就會告訴你什麼，師父，你能不能也告訴我們一些？」我說：「告訴你什麼？」他就說：「明牌你這裡有沒有？」這就是人性的貪婪，稍一不慎，就會掉進煩惱的深淵，相當地危險！

六、放鬆身心，自在生活

在二十世紀後半期科學物質文明快速進步，趨勢專家預料到二十一世紀進步會更快。以往約每隔十年就有一個新趨勢，未來可能縮短至三年或五年，乃至於每年都有一個新趨勢出現。這個新趨勢就是物質的改革又改革，相對地，精神卻愈衰弱、愈頹廢，而且被物質所混淆、淹沒，弄不清何謂物質生活？何謂精神生活？譬如有些人酗酒、飆車、找刺激，認為這是找到精神上的安慰，請問這究竟是精神還是物質？

如何來改善、因應這種假象？那就必須要用佛法的觀念或方法來改變；在觀念上要提昇精神生活，必須勇於面對自己、認識自己、駕馭自己，還要有自我化解困擾的能力。佛法告訴我們宇宙的任何現象都是暫時性的，都是因緣聚合而成的，如果我們注意改善它，它就會愈來愈好，否則就愈來愈壞。為了要自我認識和調整，必須要用佛法做為鏡子。如果我們懂得一些佛法，譬如：《心經》、《金剛經》等，這些經典所講的就是如何調整我們的觀念和情緒，就能讓我們身心所受的壓力獲得舒緩。現在有一本暢銷書，叫《EQ》（情緒管理），它的觀念和方法在佛法中早就已經提到了。

身心放鬆就能自在的生活，或是放鬆身心就能得到自在生活的人生。如何放鬆身心？簡單地說，首先心中不要憂慮、恐懼，要發生的事，憂慮、恐懼沒有用；應該發生的事，興奮也沒有必要；已經發生的事，難過更是於事無補。不管是好、是壞，應該以平常心來面對它，接受它，處理它，然後把它放下，如此一定可以輕鬆自在過生活。

七、用愛心營造溫馨的家庭

用愛心營造溫馨的家庭，「溫馨」的意涵包括溫暖，令人有舒服、愉快、芬芳的感覺，所以很多人說回家的感覺真好。每一個人都希望回家，雖然有時為了生活得出外賺錢，或偶爾出去散散心，但終究還是希望能回家，因為家中有溫馨。如果回到家，看到的面孔是長長的，聽到的聲音是狠狠的，聞到的味道是臭臭的，感受上是冷冷的，請問這樣的家庭會讓你想要常回去嗎？大概是在家裡不如在外面的愜意！因為那不是真正的家，也許連窩都稱不上。假使一個家冷冷冰冰的、吵吵鬧鬧的、臭臭髒髒的，誰會想要回家呢！但是有許多家庭就是這樣的，所以說「家家有本難念的經」。

家庭的意義是什麼？有人說：「人住的地方，就是家庭。」那麼，一個人住的地方，甚至於一個人住一整棟房子，算不算一個家？從戶口上或許可以稱為家，但從內容上看，並不是。所以，西方人認為單身漢不可靠，因為單身漢無牽無掛，可以天不怕、地不怕；有家有室的人就有許多的顧慮，一想到自己的親屬，就比較會恪守本分。因此家庭的定義是指有二個親人以上共住的地方，或是夫婦與子女、或是父母與子女、或是兄弟姊妹住在一起。一個完整的家庭應該是親人之間有很好互動的關係，彼此互相幫助、互相照顧，否則就像旅館一樣，只是供人暫時歇止的地方，缺乏共同感情的連結。

現在有所謂的「單身貴族」，如果單身貴族與父母或兄弟姊妹住，這就是一個家庭；如果是一個人住，那就不能稱為家了，只能稱為住的地方。就像我在日本留學時，一個人住在四個半榻榻米的小房間，那只是我寄宿的地方，而不是我的家。可是我回到臺灣後，情況就不一樣了。有一次，我在高雄對一位居士說：「你不要再留我了，我家裡有事情，我要趕回家去。」這位居士愣了一下說：「師父，你不是出家了嗎？怎麼還有家？」我說：「有，我的家叫僧家。」他又問：「家是有眷屬的呀！」我說：「徒弟就是我的法眷、僧眷。」

八、家和萬事興

又有一次，我們邀請臺北市的市長演講時，司儀就介紹他是「我們臺北市的大家長」，還有我們法鼓山這個團體也可以算是一個家庭。另外每一個人所依靠或歸屬的範圍也稱為「家」，譬如專門寫文章、寫小說的人叫「文學家」，專門從事政治工作的人叫「政治家」，從事藝術的人叫「藝術家」，偉大的宗教師我們稱他為「宗教家」，在工商企業界有大成就的人稱為「企業家」；由此可見，各行各業中傑出的人物，都可以自成為一個家。禪宗對有名的禪師亦稱為「作家」，與一般所稱創作文章的「作家」意旨相同，因為他能夠培育、創作後期優秀的「禪師」。

總之，家庭有兩層意義，一個是共同生活的範圍，另外一個是歸屬的範圍。許多人認為「家」的定義只是指直系親屬所組成的小家庭，可是當我們了解家庭的意義後，就知道「家庭」是可以大，也可以小。所以，我們對於家庭的認識，必須先由基本的小家庭再擴展至大的家庭，大的家庭可以大到以國家為家，以民族為家，甚至於以天下為家。而佛教的教主釋迦牟尼佛，是以三千大千世界為家。因此「家庭」可大可小，小至僅有夫妻二人，大到可以包括一切眾生在內，《維摩經》說：佛與菩薩是以眾生所在處為家。

佛經形容「家」像牢獄、枷鎖，原因是一般人對家庭有錯誤的認知，只是想互相控制或占有對方，彼此都認為應該聽我的。進入這樣的家庭，就會失去個人立場、方向、目標，這不是「無我」，而是失去了自由，因此產生矛盾、衝突、摩擦、爭吵等層出不窮的家庭問題。佛看到這樣的世俗家庭，覺得非常可憐，便對我們開示，要以慈悲心來照顧家庭成員，以尊重心來對待家人，彼此之間是互助的關係，而非占有的關係。這種觀念對出家的僧團、寺院同樣地適用，所謂「和合僧團」就是以和、樂為基礎的。中國人有句俗諺「家和萬事興」，其實就是佛教的精神。

九、出家，無家，處處家

「出家，無家，處處家」這句話，它的意思是說出家人把自己所住的地方當成一個家在照顧，即使是僅住一個晚上，仍把它視為「家」來照顧、珍惜、愛護，但沒有想要占有這個家的意思。如果今天我到你家打擾一夜，我把你的家視為我的家，所以第二天離去時，我就理所當然地把你家的東西全都拿走，我相信往後沒有人敢收留我了。而一般在家居士的家庭觀念是「在家，有家，沒有人家」，這句話的意思是指在家人只管自己的一個家，別人的家就不管了。希望在家居士也能秉持出家人的「出家，無家，處處家」這樣的觀念來修行。

對皈依三寶的佛教弟子而言，佛教團體就是我們的家。對家庭要有維護的責任，如果沒有維護的意願，那就不是你的家，因為你對它沒有認同的心。我們對於自己住的家，一定希望它是安全的、安定的，窗戶破了、房子漏了，要修理，因為它是自己的歸宿。佛教徒是以三寶為皈依處，因此佛教徒的責任就是學法、弘法、護法，把它當成自己的事業、工作，唯有如此，佛教的大家庭才安全、有前途、有光明、有溫暖，否則，即使是皈依的佛教弟子也只是在外流浪的佛子。

十、體貼忍讓，盡分盡責

家庭是屬於倫理的體系，是責任的關係，是互助的組織。我看到有許多的年輕人，談戀愛時，如膠似漆，彼此保證永遠不會對他方產生懷疑心、計較心，而且會體貼、忍讓對方。可是結婚後沒多久，就發現對方有問題，因此常糾正對方說：「你怎麼老是這樣子，你要改一改。你不改的話，我們兩個怎麼相處下去呢！」另一方也說：「你也要改一改，你一點都不像我們談戀愛時的模樣，你的狐狸尾巴愈來愈長了。」於是兩個人吵起來了，公說公有理，婆說婆有理，如果叫我去勸架，就是我做師父的沒有理。很多夫妻吵架，因為是我座下的皈依弟子，都會來找我：「師父，你替我評評理，他欺負我。」另外一個說：「師父，你評評理，結婚沒多久，他就原形畢露。」要我怎麼講呢！講哪一邊都不對，所以遇到這種情形，我就說：「夫妻是倫理的關係，而不是『論理』的關係。」

家庭成員之間，是責任的關係，而不是爭取權利的關係；責任就是義務。這個時代的人，都講究權利，要保障權利。國民有國民的權利，丈夫有丈夫的權利，妻子有妻子的權利，兒女有兒女的權利，就只我這個做師父的人沒有權利。很多人都爭取權利卻沒想到要盡責任，你向我爭，我向你爭，結果大家都很辛苦。其實有什麼好爭的？家庭應該是和樂的生命共同體，而不是爭權奪利的組織。所以，基於佛教徒的身分，如果把自己設定在盡責任的立場，而不是爭取利益或權利的立場，這家庭一定會和諧。身為家庭的一分子，應善盡自己身分和立場的責任，而且要盡心盡力、盡分盡責。凡事若能抱持「盡心盡力第一，不爭你我多少」的心態，家庭就會因你而幸福、平安、和諧；如果老是在爭權奪利，老是在計較你多我少，那麼這個家庭就會因你而吵吵鬧鬧，終至支離破碎。

十一、盡心盡力第一，不爭你我多少

最近我常常接見法鼓山的勸募會員，有一次我接見一百多位會員，其中有一位會員大家都說他的勸募成績非常好，我因此問他：「有幾位會員是你照顧的？」他回答說：「有一百多位。」他還說：「沒有多少，感覺不滿意。」大家紛紛為他鼓掌，這時另一位菩薩跟我說：「師父，我懺悔，我慚愧，我要退出勸募會員。」我說：「為什麼？」他說：「人家一百多個人都嫌少，師父，我只有五個人哪！」於是我跟他說：「人比人會氣死人，你不要比喲！他有一百多位會員是他的緣。你雖然只有五位會員，但是你把他們照顧好，這就是你的緣；你如果退出，一個也沒有了，你盡心盡力就夠了，不要跟人家比，你把這五位會員照顧好，說不定這五位之中，有一個人也會找到一百多位會員，那你的功德就很大了！」

在我的出家弟子中，有不少非常優秀的人才。有時我要他們去弘法、演講，有的人願意去，有的人就是不想去。問他為什麼？他說：「跟師父一比，我怎麼能講呀！」我說：「我今天頭髮白了，你要等到頭髮白了才講嗎？那個時候你就沒有機會了，當初我也是像你一樣不會講，然後漸漸地講多了，自然而然就會講了。」

記得我十一歲的時候，有一天跟父親到河邊散步，有一群本來在岸邊乘涼的鴨子，看到我們父子倆走過去，那些鴨子就一隻一隻地跳下河，游到對岸去了。我的父親因此就拍拍我的頭說：「小孩子啊！你看到了嗎？大鴨子、小鴨子都過河了，對不對？」我說：「是啊！牠們都過河了。」他說：「你再看，小鴨子游的水路是小的，大鴨子游的水路是大的，你看到沒有？」我說：「看到了。」父親又說：「不管小鴨子的小路也好，大鴨子的大路也好，牠們是全憑自己的力量過河的，你將來也要一樣喲！做小鴨也很好，做大鴨也不錯，只要能夠過去就好。」這些話對我的啟發很深，也就是盡心盡力第一，大小多少不要去跟別人比。否則，你就不敢走了。

我曾經看過一對母女，母親將近九十歲，躺在醫院裡，女兒五十多歲，頭髮白了，而且也退休了。母女倆相依為命，女兒常在醫院裡照顧老母親，老母親覺得很對不起女兒，就跟女兒說：「人家說久病無孝子，我已經病了這麼久，你怎麼還在照顧我啊！為了不要拖累你，我想早一點死，你不要再照顧我了。」女兒聽了就流著眼淚說：「媽，現在我沒有事情做了，媽媽讓我照顧，就是我的事。現在我們兩個人相依為命，如果媽媽先走了，我就成為一個孤獨的人，媽媽你不能走啊！」這個故事很令我感動，這就是家庭的互助精神，家庭的溫馨。

十八年前，我在美國時，有一位信眾已將近八十歲，住在老人院，我問他：「你住在老人院，沒有事了吧！」他說：「師父，我忙得不得了！」我說：「你忙什麼？」他說：「那些老人家，沒有人照顧啊。師父，挺好玩的，他們都已經七、八十歲了，還會向我撒嬌呢！明明沒有病，看到我就裝病，要我去看他們。我知道他們是假的，但是有人需要我幫忙，我很高興。你看我像八十歲的老人嗎？」他就是因為有佛教的信仰，不怕死，願意廣結善緣，幫助他人，所以他雖然已經是近八十歲了，卻像一個年輕人，生活得非常健康自在。假使一個人老是擔心沒人照顧，等著別人來照顧，這個人一定沒有安全感；如果能夠發心，哪一個人乏人照顧，我就去照顧他，一直到死為止，這樣你會成為最健康、最有安全感的人。

十二、以慈悲心照顧家人，以智慧心對待自己

不管在家居士或出家人，除了對自己「小的家」盡心盡力外，還要對「大的家」盡心盡力；有的時候，對大的家盡心盡力後，你小的家也不會有問題。曾經有一位女孩要出家，他的家人全部反對，結果這個女孩還是出了家，他的家人就當他已經死掉了。過了二十多年，他的父親生病住院，在家的兒女都在忙著照顧自己的家庭、事業，沒有時間照顧住院的父親；反倒是出了家的女兒，因為有許多徒弟、信徒，都輪流去照顧老人家，且稱呼他為阿公。後來他的母親也生病住院，我去探望她時，她告訴

我：「師父，我真是對不起我的女兒，想不到他出了家還會這麼孝順！」我說：「出家人是最孝順的，否則不能當出家人。釋迦牟尼佛、地藏王菩薩都是孝子，所以我們出了家的人肯定是孝子。」後來他的父母都過世了，他的兄弟姊妹跟他商量父母遺產分配的事情，他前來請教我，他說：「我已經出家了，還要遺產做什麼！」我說：「對，如果出家人拿了遺產，人家就會說原來是為了父母的錢，才來照顧父母的。」所以出家人是出家、無家、照顧家，而且是不要家裡的錢。

家庭的溫暖，是源自於家庭成員間互相欣賞與慰勉。大多數的人都是要求、指責和批評他人，而且欣賞通常也只能欣賞優點，不能夠欣賞缺點。但是我們看到有許多藝術家，他們常以欣賞的角度，去描繪殘缺或破舊的景物，將之編織成為一幅美麗的圖畫，他們稱為殘缺的美。所以本來殘缺、破損的東西是一無用處的，可是當你用欣賞的角度去觀看時，就會覺得很美。

我常勉勵人：「以慈悲心照顧家人，以智慧心對待自己。」「以慈悲對待人，以智慧處理事。」有慈悲心的人一定會給別人溫暖，有智慧心的人一定不受他人的傷害。

（一九九七年三月十四、十五日講於臺北國父紀念館大會堂，翁文蒂居士整理）

人間淨土的展現

淨土，可以有兩種解釋，一種是屬於信仰的，是佛教理想的世界；另外一種是我們所希望的，安定而清淨的環境。現在就以這兩種想法和觀念來說明。

一、諸佛菩薩的佛國淨土

在佛教信仰中所講的淨土，是指佛的世界；以佛之願力所完成的世界，那是為了成就及成熟菩薩們修行之所在。從大乘佛教的經典及論典所介紹的，可以知道除了我們的世界之外，尚有無量的十方世界；在無量的十方世界中，更有無量、無數的佛，在他們的世界上度眾生，我們稱之為諸佛的淨土。其中最有名的，就是中國、韓國、日本及西藏都知道的——阿彌陀佛的安樂國土。

然而，佛的世界，是如何完成的？佛的世界，是否是永恆的呢？

佛法告訴我們，一切的環境、一切的世界，都是由心所成。

凡夫是以業力來完成一生又一生的環境，因為人的心是煩惱的、情緒的。當心念動了之後，就會去做各種的善事及惡事，因而得到果報；一邊受報，一邊又在造業，不斷在生死之中受苦受難。雖然有些短暫的快樂，但終究還是苦多於樂，短暫的快樂是長期辛苦的報酬，短暫的快樂之後又面臨長期的苦報。

菩薩與佛，則是以願力來完成一個又一個清淨的佛國世界。因為菩薩的心是慈悲的、智慧的，他們會在諸佛的世界裡，多種善根，廣結善緣，運用環境來增長他們的慈悲與智慧，使得眾生能在他們的世界上，完成成佛的功德。

諸佛的淨土有兩類：一類是諸佛在因地發願時，願在他們成佛時所出現的淨土，眾生多希望能生到他們的淨土，那裡的人聽聞佛法，不斷修行，只造善業，不造惡業，直到成佛為止，就像阿彌陀佛的極樂世界。另一類則是發願到有善有惡、有苦有樂的娑婆世界，去救度眾生，使眾生為善去惡、離苦得樂，他們寧願選擇這樣的環境，做為他們的佛國淨土；就像釋迦牟尼佛將我們所處的世界，做為他成就眾生的國土。

以上兩類淨土，都是非常慈悲的。既然阿彌陀佛的極樂世界沒有壞人、壞事，那麼，那裡的人又是從哪裡去的呢？就是像我們這樣世界的人，厭倦目前現有的環境，希望找到一個更安定、更清淨的地方。

阿彌陀佛是慈悲的，不論我們做了多少壞事，造了多少惡業，只要發願往生阿彌陀佛的安樂國土，都能讓我們有機會帶著尚未受報的惡業往生佛國，直到修行圓滿，再去度化眾生。

至於釋迦牟尼佛的淨土，則是在有生有滅、有苦有樂、有善有惡的娑婆世界。他的色身同樣也有生死，以父母所生人的身體，來到這裡，但是，他看到的世界卻是淨土。反觀眾生的心因為不清淨，所以在煩惱之中，煩惱是從心的觀念產生；有煩惱，所以有苦。因此，人的心能夠改變自己的體驗，如果心是安靜的、和平的、慈悲的，即使世界沒有改變，你對環境的體會卻是不同凡響。能夠如此，這個世界對你來說，和對其他的人必定是不相同的。

譬如說，這兩天我去了紐約莊嚴寺，在去的途中，感到車內有點涼，正在開車的法師就將暖氣打開。晚上回來時，他又開了暖氣，但是在後座的人卻覺得太熱了。又如昨天我們法鼓山紐約東初禪寺有一百多位信眾去了莊嚴寺，參加該寺大殿落成及大佛開光典禮，整整被太陽曬了六個小時，每一位的臉都被曬得紅裡透紫，曬得像煎焦的燒餅、烤黑的麵包一樣，可是，大家還是很高興；因為這是自己願意的事、高興的事，所以不會覺得痛苦。因此，環境的好壞冷熱，是可以受到心向的影響而改變的。

有人問我，想不想去西方極樂世界，我說那個地方那麼好，誰不想去呢？又有人問，這個世界是否想再來呢？我說這裡有這麼多人學佛，這麼多的朋友需要佛法，當然還會再來！

事實上，如果你的心已得自由、已得解脫，這兩個世界是相同的，是無分彼此的。不過，一定要發願，不能隨波逐流，人家叫你去哪裡就去哪裡，甚至以為隨便去變狗、變牛、做強盜、做土匪都好，這就不對了。心，必須要有個方向，要發悲願，只要你不為自己增加困擾、罪惡，但願眾生脫離苦海，你在哪裡，哪裡就是淨土了。

二、人間淨土就在人的心念中

人間淨土究竟在哪裡呢？事實上，就在人與人之間。只要有人發大悲願來體驗智慧及慈悲的佛法，甚至僅在一念之間，沒有嫉妒、怨恨、貪欲、猜疑、憂慮等種種煩惱，那麼，人間淨土就在這一念間出現在你的面前；如果每一個念頭都能如此，自然一生之中都是在人間淨土中了。

釋迦牟尼佛是智慧圓滿、慈悲圓滿的人，從他成道之後到涅槃為止，對他來說，我們的地球，並不是娑婆世界，而是佛國淨土；因此，我們要常隨佛學，要修學佛法，哪怕是學一點點，人間淨土便會在我們的心中一點一點地展現，不但自己體驗，還能夠把淨土的經驗分享給他人。

祝福大家，希望人間淨土在每一個人的心中念念展開，也希望每一位都能經常生活在淨土裡！

（一九九七年五月二十五日講於美國紐約東初禪寺，姚世莊居士整理，刊於《人生》雜誌一七六期）

人間淨土對現代人的重要性

淨土是佛教的專有名詞，不曾在其他學術和其他宗教裡提過；它是指佛的世界、菩薩的世界。在那樣的世界裡，人的煩惱是不存在的。

在我們這個世界上的生命，非常脆弱，沒有絕對的安全，無法抵抗天災人禍。因此，釋迦牟尼佛就提出了淨土的理想環境，讓我們有個追求、嚮往的去處。最重要的，是要我們從現在開始就照著去做，等到臨命終時，真正的佛國淨土就會立即現前。

一、接受世間是苦的事實

釋迦牟尼佛在二千六百多年前出生於印度，在身為王子時，就發現人間有許多無法解決的問題，即使貴為王子、國王，也得接受生、老、病、死等人間苦難的事實。於是他就出家，希望能為人間發現解決苦難的方法與觀念。佛在悟道之後的四十多年之間，將他所覺悟的佛法傳授給苦難之中的眾生。

也許有人會覺得只有窮人、病人，或是科技文明落後地區的人，才會有苦難。其實不然，不論是健康的、有錢的，即使在富足的美國，也是會有苦難的人。一般來說，只有在自己發生問題，沒辦法解決的時候，才能體會到苦難的事實，但是，對許多暫時沒有碰到問題的人而言，可能無法接受佛法所說的，世間是「苦」的這個觀念。因為他們認為有很多快樂的事，譬如吃飯、看電影、游泳、跳舞、聽音樂、打球、結婚、生子、陞官，甚至含飴弄孫等等，為什麼一定要說苦呢？其實，這是醉生夢死，苦中作樂；因為世間的一切現象，都是短暫的、無常的，所以世人所說的歡樂，在佛法稱為「壞苦」；歡樂是忍苦而得的結果，在享樂的同時，又種下了必將受苦的原因。

譬如說，從媒體報導得知，中國大陸有個人，他沒有「痛」的神經，不知道什麼叫痛。也許我們會認為，這樣不是就沒有痛苦了嗎？可是，因為他沒有痛的感覺，當他刮傷、燒傷時都不會知道，因此經常遍體鱗傷。人間有許多人的情形不是跟他一樣嗎？這就是為什麼佛把我們的這個世界稱為苦趣、苦海的娑婆世界的原因了！

我是個出家人，所以會有許多人寫信、打電話，或者當面來向我傾訴他們遭遇到的種種苦難。然而，佛告訴我們有一個理想的淨土境界，那麼，淨土究竟在什麼地方呢？從佛經或傳統的角度來看，都是把佛國淨土放在他方世界，其中阿彌陀佛的西方極樂世界，老早已經為我們準備好了。

許多人會存著一個不正確的觀念，希望早死早超生，早點到西方淨土去。這種人不但不負責任，而且誤解了佛法。當我看到《無量壽經》裡說：娑婆世界雖是多苦、多難、多惡，人們若能依佛法在此世界修行的話，要比到極樂世界修行的功德，來得大而且來得快！我看到這段話時，感到好歡喜，慶幸我是生在這個世界上，更能體會到佛法的可貴。

我們必須有個觀念，在西方淨土中，一切都是現成的，沒有差別，沒有所謂的淨土或非淨土；淨土，不是對於佛國的佛及菩薩說的，它完全是針對我們此界的眾生而有的名詞。

那麼，誰應該去西方極樂淨土呢？在《觀無量壽經》裡，將淨土分為九品；在《無量壽經》裡則分為三輩，也就是三個等級，各有三品。如果想生到「上上品」，第一是要出家，第二是發菩提心，第三是持五戒、修十善；此外，要孝順父母、尊敬師長、發慈悲心、念佛、修淨土法門，並且發願要去阿彌陀佛的極樂世界。由此可知，要去西方淨土，必須先累積往生資糧，在此有限的生命中，盡量多做有意義的事，至少要能信佛、學法、敬僧；念佛，發願以佛法廣結眾生緣，迴向臨終往生到西方淨土。如果只想算計他人，貪、瞋、癡、慢、疑不斷，沒有多做一點布施、持戒、習定、修慧、積福的功德，縱然去了西方極樂淨土，也只不過是下品而已！

事實上，我們在人間要修、能修的功德是滿多的，如果能經常念佛號、與佛相應，使自己心中的煩惱、怨恨少一些；常把現實人間的每一個人，觀想成為西方淨土的諸上善人；把慈悲心、恭敬心、尊重心，及布施心放在人間，那麼，我們所處的環境，就是一個人間淨土了。

現代人一般都是兩代同堂的小家庭，很少有三代同堂、四代同堂的，倒是有不少離開了老家的兒女，卻把孫兒女們送到祖父母、外祖父母那兒去照顧，成了隔代同堂。因為三代同堂，經常會有代溝、發生摩擦而導致上下不和，乃至於夫妻之間，也都無法好好相處，這是因為缺乏慈悲心，也缺少感恩心。如果認同人間淨土的觀念，不論是兩代、三代，或只有夫婦兩人，只要其中一個人有慈悲心，這個家庭必定和諧。現代有很多夫婦，動不動就把「離婚」二個字掛在嘴上。在臺灣，我曾遇到一對學佛的夫妻，一個想學淨土，跟阿彌陀佛走；一個想學密宗，跟上師走，兩人竟然為了修行的法門不同，想要離婚！他們來問我究竟該怎麼辦？我說：「既然已經學佛了，佛佛道同，只有眾生的心向不同，何不學習尊重他人，有一份慈悲心呢？」當然，若能夫婦同修一法門是最理想了。

二、發覺自心中本身的佛性

各位菩薩，在我們來到佛國淨土之前，一定要先把我們人間當成佛國淨土；當釋迦牟尼佛成佛之後，他內心看到的世界就是佛國淨土，看到的眾生是平等的，都具有如來智慧德相，都是佛。這並不是佛在說謊或是在自我陶醉，因為他的確已知一切眾生都具有佛的智慧、佛的本性，只是眾生自己尚未覺悟，乃是還沒有醒來的佛。釋迦牟尼佛說了四十多年的法，就是希望我們發覺自己本具的佛性。

《法華經》裡有篇〈常不輕菩薩品〉。常不輕菩薩看到每個人，都會向他們頂禮，口裡還說著：「我絕不敢輕視你們！你們都是未來的佛！」但是，我們為什麼不知道自己是佛呢？因為多生多劫累世的煩惱、執著，把我們的佛性蓋住了。以煩惱的心，來看世界萬象，是有好、有壞、有美、有醜的，它是有分別的；由於眾生分處於不同的年齡層次、文化層次、性別，以及貧富、貴賤、強弱等不同的立場，都會對各種事物有不同的體會和看法。

事實上，我們的本具的佛性，就像剛出生的嬰兒，沒有名字標籤，也沒有貧富貴賤，只因有累世積聚的業障，形成種種煩惱，纏繞著我們，產生分別心、執著心，才使我們清淨的智慧心無法顯現；既不見自心中的本具佛性，淨土的景象也就無法在我們的面前出現了。

如果能把自我的立場放下，不去考慮自己的身分、性別、年齡、地位、知識、貧富、貴賤，你就會看到自己和其他人都是平等的。昨天我在上課時說：「若能放下自我中心，放下分別執著，就不會有煩惱困擾你了。那麼，你就是個有智慧、有福德的人了！」有位學生問我，應該如何放下呢？我說：「只要你自己不要認為有那麼多放不下的東西時，那就是放下了！」

佛法的智慧不是姑息，而是在慈悲的原則下來處理事情。當自己與家人有矛盾衝突時，若不能用佛法感化對方，也不可以暫時妥協的態度來處理，此時，應當試著把自己抽出身來，不要想著對方是你的弟妹或是親人，不要把自己放進去，如此，處理事情就不會有偏差了。

我有一位在榮民總醫院做醫師的皈依弟子，他一直在替別人看病，可是，當他自己的孩子生病時，卻要請別的醫師來診斷，因為他擔心自己的下藥量會有問題。這就是無法放下自我，無法把自己的孩子當作一般的病人。

三、人間淨土就在自己心中

事實上，人間淨土並非理想主義者的烏托邦。常常有人問我：「法師！你什麼時候才可建好人間淨土啊？」我說：「你這樣問我，會使你很失望的！因為我的人間淨土是處處建、時時建。如你能在這一念之間建淨土，在這一念之間，淨土就在你面前；如果你下一念生起惡念、口說惡言、身做惡事，下一念中人間地獄就在你面前出現了！」因此，我講的人間淨土，不是找個社區，大家一起來建設它，而是在我們個人的日常生活中，時時提起菩提心，深信自己心中有佛性；從心念清淨、口業清淨、身業清淨著手做起。

我們是凡夫，不可能完全清淨，所謂「江山易改，本性難移」，無量劫帶來的煩惱習性，使我們在日常生活中的言行裡，會不經意表現出來。但是請你不要在發現不清淨時就討厭自己，「不怕念起，只怕覺遲」，一旦發覺缺點時就提醒自己說聲慚愧，下次不要再犯，若再犯時就再懺悔；經過不斷慚愧、懺悔、改惡向善，煩惱習氣就會減弱。只要知錯能改，身、口、意三業自然漸漸就會清淨了！

了解佛法之後，就能隨時在心平氣和的情形下生活，對自己與他人的問題都能接受、面對以及諒解。我有一對學生是夫妻，每次吃蘋果就要吵架，做太太的吃蘋果時，怕皮上沾了農藥有毒，一定要把果皮削掉，而先生則認為蘋果皮有營養，把皮削掉太可惜了，結果兩人吵到我這裡來。我說：「避免吵架的最好方法，就是不要再吃蘋果了！」後來他們也認為，為了這種小事吵架實在太不值得了。於是我對那位太太說：「我正要聽你們講這句話，妳先生吃了這麼多蘋果皮，還好好的並沒有死，妳擔心什麼？」我又跟那位先生說：「你太太不要吃蘋果皮，你嫌她浪費，那你就把她的蘋果皮拿來吃嘛！不就沒事了！」這個例子是說，每個人的習氣不同，有些是過去世帶來的，有些是在不同的家庭環境以及不同的成長過程中影響而成的。因此，不要勉強別人來認同自己的習氣，同時也要體諒別人的習氣。

人間淨土不僅僅是現在重要，未來也很重要。它與我們的生活以及社會環境是息息相關的。當我們講人間淨土時，不要否定了有他方世界的佛國淨土。這個世界對我們眾生而言，永遠是個娑婆世界、五濁惡世，一直到這個世界毀滅為止。彌勒經典告訴我們，還要經過五十七億多年之後，彌勒佛才會下生人間，這個世界才會成為淨土。如果以我們現代人糟蹋破壞地球生態環境的速度來看，到那時，這個地球還能存在嗎？希望人類全體都能保護這個世界，少破壞、少浪費；能夠知福、惜福、培福，為彌勒下生人間做好準備工作。

諸佛所見到的淨土，都是平等無差別的功德世界，而凡夫看到的淨土，則是有形有相有層次的物質世界。在佛國淨土裡的一切施設莊嚴，都是佛為眾生所做的介紹：佛身有多高、多大、放多少光？蓮花是何色，有多大、如何開敷？佛還告訴我們，在西方淨土中的環境，都是七寶所成，思衣得衣、思食得食、飛行自在，福報無量，壽命無量。這個「有」，是針對眾生說的，是眾生的境界，非諸佛層次的境界。因此，淨土的層次是由有相的淨土至無相的淨土；有相淨土不是究竟淨土，無相、實相的淨土才是最高的諸佛淨土。

淨土，一定是由有形相到無形相，從我們這個現實的世界到他方的佛國淨土；這兩個觀念一定要建立起來，否則，就會變成一般宗教的天國信仰了。至於我們這個人間淨土，是要在現實的社會環境條件下，盡量努力，使我們的心能體驗到安靜與清淨，那麼，這個世界才會是一個有意義的人間淨土，而不是一個空想幻思中的烏托邦。

諸位菩薩，人間淨土就在你們的心中，就在你們家裡，就在你生活中的每一個處所，只要一念之間，心念清淨，此一念之間所見，就是人間淨土。

（一九九七年十一月十五日講於美國羅特格斯大學，倪善慶居士整理，刊於《人生》雜誌一八五、一八六期）

人間淨土與現代社會

——我們今後要探討的課題

雖然在大乘、小乘各種傳承的佛教聖典之中，從來不曾出現過「人間淨土」這名詞，更不可能找到有哪一部聖典是專門宣揚人間淨土的了。可是，為了適應現代的中國社會，人間淨土的思想在中國是最受歡迎的。

淨土的思想及其信仰，未見於小乘經典，乃為大乘佛教的特色之一，凡是修行六種波羅蜜多，發起成佛誓願的菩薩，歷劫累聚無量功德，便能建立清淨莊嚴之國土，來成熟無量眾生，皆得成佛，這種嚴土熟生的菩薩悲願，可見於《阿閦佛國經》、《無量壽經》、《悲華經》等，此與發菩提心有密切的關係。

自己清淨也令眾生清淨

例如《大智度論》中所引《般若經》所說：「饒益一切眾生已，淨佛國土。」又云：「世尊！云何菩薩摩訶薩淨佛國土？佛言：有菩薩從初發意以來，自除身麤業，除口麤業，除意麤業，亦淨他人身口意麤業。」也就是說，佛法教人自淨身、口、意三業，是基本的道德觀及其解脫觀，教人自己清淨，亦令眾生清淨，所居國土亦得清淨，因此，十方三世一切諸佛，各有其佛國淨土的信仰，便成了大乘佛教的特色。

在二十世紀初，有印光大師，雖然專修阿彌陀佛淨土的念佛法門，卻不度出家弟子，並且普勸在家信眾，應當「敦倫盡分」，做好一個儒家型態的在家人，這也可算是佛教人間化的一種表現。

至於太虛大師，弘揚彌勒信仰，以鼓吹人生佛教及人間佛教來建設人間淨土。這是佛教史上提出「人間淨土」這個構想的第一人。

太虛大師為了挽救中國佛教的命運，為了使得佛法有利於人間社會，所以首創「建設人間淨土」的人間佛教觀念，主張「人圓佛即成」，人格完成之時便是成佛的條件圓滿。普遍推行佛所說的十善等法，若能力行不殺生、不偷盜、不邪淫、不妄言、不兩舌、不惡口、不綺語、不貪欲、不瞋惱、不邪見，便可促成人間淨土之因緣。因此他說：「人人皆有此心力……人人能發造成此土為淨土之勝願，努力去作，即由此人間可造成為淨土。」

諸佛皆出人間

現在臺灣已是九十二歲高齡的印順長老，他是太虛的學生，也提倡人間佛教，不過他是依據阿含部及律部所見釋尊的教法，來批判偏重為死人超度的佛教，也批判為追求天神福報的佛教，肯定佛教是為淨化人間身、口、意三業的宗教，而且發現《增一阿含經》有云：「諸佛皆出人間，終不在天上成佛也。」他也重視十善業道，以為：「十善正行，是以發大悲心為主的菩提心為引導，所以即成為由人到成佛的第一步。」

人間佛教，即是佛教在人間，擔起淨化人間的心靈，使人間的社會大眾，以戒、定、慧三無漏學的修行，從貪、瞋、無明等的三毒得到解脫，超越一切煩惱的苦海。這應該是大、小乘各系佛教都會認同的常識。問題之點是原始佛教的聖典中，尚未見有淨土這個名相，大乘聖典中的淨土，是指他方佛國，此土名為五濁惡世，彌勒佛尚未下生人間成佛之時，此一世界依舊是穢土，而非淨土，雖然在《法華經》的〈如來壽量品〉有云「常在靈鷲山」、「我此土安隱」，日蓮宗根據此經文而創立「靈山淨土」之說，唯其屬於信仰的層面，現實的人間，依舊生活於穢土。

因此，我們目前以及未來所說的人間淨土，應該以先聖前賢諸善知識的觀點，做為參考的基礎，另外尚有相關的思想可以開發。我們發現《維摩詰經》〈佛國品〉有云：「隨其心淨則佛土淨。」又有云：「依佛智慧，則能見此佛土清淨。」此經文所說的「心淨」，便是告訴我們，若能依佛的智慧觀照萬物，我們便見這個世界就是淨土。什麼是佛的智慧？便是般若的空慧所見，世界雖有相，其實即無相，無相即無我，無我即離苦，便住於究竟的淨土。

自利利他是不二法門

可是，依據《維摩詰經》的僧肇《註》卷一有云：「土之淨者，必由眾生……」；「夫行淨則眾生淨，眾生淨則佛土淨。」又云：「淨土蓋是心之影響耳。」此又回到眾生的心淨則所住國土即是淨土的原點。只要眾生的心淨，國土即淨。這不是僅憑主觀的自我意識而說心淨即見國土淨，必須讓眾生的心淨，才見國土淨。如何使得眾生心淨，必須勸勉眾生的身、口、意三種行為清淨，每一個人使得自己行為清淨，亦助他人的行為清淨，便見國土清淨。這就是大乘佛法的自利行及利他行，兼顧並重。也可以說，推廣大乘佛法的自利利他行，便是推廣「人間淨土」的不二法門。

我們都知道，昔年釋迦世尊悟得佛道之後，便在這個世界向人間弘揚佛法，淨化人心、淨化社會，那不就是人間淨土的實踐者和推行者嗎？因此，我們為了實踐佛的遺教，便努力推動人間淨土的理念。我們知道，西方極樂世界那樣的淨土，不可能在此土出現，也知道彌勒菩薩來到人間成佛的因緣，距離成熟的時代尚早，尚待五十六億年。但是我們相信，只要我們發起大菩提心、大慈悲心、大弘願心，將淨化人間心靈的佛法，傳遍人間，我們這個地球世界的生活環境，一定會比現在更好，我們永遠不會失望，也永遠不該失望。眾生的行為清淨，我們的環境也會隨著清淨，縱然不能百分之百的清淨，哪怕只能有百分之一的清淨，也比百分之百的不清淨好些。

人間淨土的理念是要依靠人間大眾共同來實踐的，到今天為止知道這個信息的人尚不多，但我相信，一旦了解之後，認同這個理念而願意參與實踐的人一定很多。因此，今天我們的世界，距離淨土的事實，的確還有很遠的路要走；我們卻必須朝著這個方向去努力，已經沒有其他的前途可供我們選擇了，這是我們人類未來對於地球世界的唯一希望。但這並不意味著今後的佛教信仰，僅止於人間淨土，其實，我們堅定的信仰，大乘佛典所說，有十方諸佛的淨土的真實性，只是在尚未往生佛國之前，或者在彌勒佛尚未下生成佛之前，或者正要進入靈山淨土之前，我們首先要發菩提心，以智慧及慈悲的佛法，救濟地球的眾生，淨化人間的社會。

（節錄自一九九七年十月十四日日本東京立正大學演講，刊於《人生》雜誌一七二期）

附錄一

太虛大師的人間淨土

大家都知道太虛大師（西元一八九〇——一九四七年）是提倡「人生佛教」的近代高僧，其實他也提倡「人間淨土」，曾經寫過一篇〈建設人間淨土論〉，根據他對佛教淨土思想的認識，列舉了《起世因本經》所描繪的須彌山之北方鬱單越洲，《無量壽經》介紹的西方極樂世界，《彌勒上生經》所記載的兜率內院等為參考，然後主張，在人間找到一座周圍數十里的山區，由國家捨為佛教無稅地，泉水充足，竹木茂盛，田壟耕種稻、麻，可敷數萬至二萬人衣食。並於高深平穩之處，建一大寺，分別共住各宗的僧俗七眾，約五百至一千人。太師認為，若在中國建設，浙江的普陀山，最為合宜。

大師說：人間淨土的建設，大抵因對於現處之人間，由種種煩悶憂惱之不滿足而起。如何成為人間淨土，大師一再強調：「依佛十善等法而行；與三乘賢聖僧為友，即為造成人間淨土之因緣也。」又說：「建設人間淨土所要求者，在保持身命及資產安全。」其方法則在力行：不殺生、不偷盜、不邪淫、不妄言、不兩舌、不惡口、不綺語、不貪、不瞋、不邪見。也就是皈依佛、法、僧三寶，受持五戒十善。

因此，大師首先希望在人間建設一個淨土的模範社區，後又主張，凡能有人發願，淨土便能出現，而說：「心若平等清淨，即可為創造淨土之原動力。」又說：「當下的人間，確是不完美的，但是人等有情，如願意要去創造成淨土，並不是沒有可能的。」然後提出了創造人間淨土的方案：一、須用政治的力量為實際施設，包括實業的、教育的、藝術的、道德的。二、應依佛法的精神為究竟歸趣，因為人間淨土的建設，到了道德的層次，便是大乘菩薩行的初步，以此為基礎，經過無數時間的繼續努力向上進行，則成為佛的宇宙。

大師又說，淨土是「由人等多數有情類起好的心，據此好心而求得明確之知識，發為正當之思想，更見諸種種合理的行為，由此行為繼續不斷的作出種種善的事業，其結果乃成為良好之社會與優美之世界。」「既人人有此心力，即人人皆已有創造淨土本能，人人能發造成此土為淨土之勝願，努力去作，即由此人間可造成為淨土，固毋須離開此齷齪之社會，而另求一清淨之社會也。」也就是說，現實的人間，雖沒有他方世界的淨土那般莊嚴，但憑各人有一片清淨的好心善心，去修行好事善事，一步一步地持續不斷地，即此濁惡的人間，便可一變而成莊嚴的淨土。「不必於人間之外另求淨土，故名為人間淨土。」

這篇〈建設人間淨土論〉，原刊於《海潮音》十二卷一期，後編入於《太虛大師全書》的〈支論〉集。考察其立論的觀點，除了希望建立一個周圍數十里的「佛教無稅地」做為人間淨土的實驗區之外，餘如推行五戒十善，實踐大乘菩薩行，人人來發清淨願心，努力創造現實的人間社會，成為莊嚴的人間淨土等構想，也都跟我們法鼓山正在努力推動的理念相應：「提昇人的品質，建設人間淨土。」

以此可知，太虛大師是一位建設人間淨土的思想先驅，雖然他未能及身將之付諸實施，有這種思想，確實可貴。

在《太虛大師全書》的〈支論〉集中，尚有一篇題為〈趣造人間淨土〉的講稿，也頗值得參考。

附錄二

印順導師的人間佛教

印順導師依據彌勒菩薩所說的下士、中士、上士之說，而將五乘佛法，分作人天善法的求增上生心，二乘聖者的發出離心，大乘菩薩的發菩提心。下士所用是五乘共法，中士所修是三乘共法，上士所修是唯一大乘的不共法。依據此一原則，撰著了一部《成佛之道》，今已成為中國佛教徒們必修必讀之書。

印順導師從太虛大師所倡導的人生佛教而弘揚人間佛教的理念。太虛大師是為對治中國佛教末流，重視死後及鬼的風氣，也為顯示佛教的根本當重視現實的人生。印順導師主張我們應繼承人生佛教的真義，來發揚人間佛教，一邊擺脫重視死後而近於鬼教的色彩，同時超越羨慕天神長生不死而近於神教的傾向。因此而寫了好多篇文章，提倡人間佛教的理念，他的《妙雲集》第十四冊，便是命名為《佛在人間》，他的依據是《阿含經》與各部廣律，有現實人間的親切感、真實感，不是像部分大乘經典所表現於信仰及理想之中。明文的依據，是《增一阿含經》所說：「諸佛皆出人間，終不在天上成佛也。」這對於當代的中國佛教思想，有著決定性的影響力。我們法鼓山推行「提昇人的品質，建設人間淨土」的理念，已有多年，慈濟功德會於幾年前，曾推出「預約人間淨土」的運動，佛光山也在闡揚人間佛教，以及其他僧俗大德的佛教人間化，這些均與受到印順導師的思想啟發有關。

印順導師雖然也愛中國傳統的大乘佛教，但他重視印度佛教思想史的發展事實，他不像歷來的佛教大德們那樣，僅從信仰的立場論列佛法、介紹佛教，他是從史實的角度來探索佛法的真實意義所在，讓我們回到釋迦牟尼世尊時代的佛教精神中去，也可以說他是把印度佛教的精髓，復活於現代人的社會中來。所以他說：「復興佛教而暢佛之本懷。」又說：「立本於根本佛教之淳樸，宏闡中期佛教之行解，攝取後期佛教之確當者。」他指出：「俗化與神化，不會導致佛法的昌明。」「非鬼非（天）神化的人間佛教，才能闡明佛法的真意義。」這也說明了一般的佛教徒，不是落於隨俗、流俗而成世俗化，就是追求神奇，顯異惑眾而成神鬼化，那都不是正信的佛教。

印順導師將菩薩道的修證過程，分為凡夫菩薩、賢聖菩薩、佛菩薩的三個階段。第一階段是初發菩提心的新學菩薩，是凡夫身，當以修十善業為菩薩道的基礎，即以十善行為菩薩戒。他非常贊成太虛大師「平時坦白地說：我是凡夫而學修發菩薩心的」。所以印順導師指出：新學菩薩有兩點特徵，一是具煩惱身，二是悲心增上。新學的凡夫菩薩，「不能裝成聖人模樣，開口證悟，閉口解脫」。雖是凡夫菩薩，也當以「利他為重」，若「急於了生死，對利他事業漠不關心」，「決非菩薩種性」。這一觀念，導正了今日正統佛教的正知、正見、正信、正行。凡是受了正統佛教觀念的人，一定是以平實的正常身心，來從事自利利他的修行活動。今天的臺灣佛教之所以受到朝野普遍的認同，就是因為我們以人間的凡夫身，在修第一階段的菩薩道。也告訴大家，菩薩道是人人都能實踐的。

（一九九五年四月一日講於臺北安和分院，為慶祝印順導師九秩嵩壽座談會的講稿，刊於《人生》雜誌一四一期）

國家圖書館出版品預行編目資料

人間淨土：理論與實踐 / 聖嚴法師著 . --
初版 . -- 臺北市 : 法鼓文化 , 2020.12
面； 公分
ISBN 978-957-598-873-9（平裝）

1. 佛教修持 2. 生活指導

225.87 109015994

人間淨土 48

人間淨土——理論與實踐

Pure Land on Earth: Theory and Practices

著者 聖嚴法師
出版 法鼓文化

總審訂 釋果毅
總監 釋果賢
總編輯 陳重光
編輯 張翠娟、李書儀
封面設計 化外設計
內頁美編 胡琡珮
地址 臺北市北投區公館路 186 號 5 樓
電話 (02)2893-4646
傳真 (02)2896-0731
網址 http://www.ddc.com.tw
E-mail market@ddc.com.tw
讀者服務專線 (02)2896-1600
初版一刷 2020 年 12 月
建議售價 新臺幣 250 元
郵撥帳號 50013371
戶名 財團法人法鼓山文教基金會 — 法鼓文化
北美經銷處 紐約東初禪寺
Chan Meditation Center (New York, USA)
Tel: (718) 592-6593 Fax: (718) 592-0717

法鼓文化

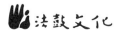